KAWADE
夢文庫

理系の素朴な大疑問

博学こだわり倶楽部[編]

河出書房新社

カバーイラスト●若田紗希
本文イラスト●青木宣人
協力●ロム・インターナショナル

身のまわりの疑問がサクッと氷解！——はじめに

どうも理系の話は苦手で……。科学に対してこんなイメージをもっているかもしれない。しかしちょっと待ってほしい。テレビや新聞では、天気にはじまり、環境、動植物、医療など、科学のニュースが毎日のように届けられている。身のまわりには、じつに素朴な疑問があふれている。たとえば、こんな疑問はどうだろう。


「天気予報で聞く〝一時雨〟と〝時々雨〟の違いとは？」

「最近、耳にしなくなったオゾン層って、いまどうなっている？」

「ハチの巣穴はなぜどれも六角形なのか？」

「レンコンの穴にはどんな意味があるのか？」

「なぜ女性のほうが男性より7年長生きするのか？」


なにも数式を使って説明するだけが、理系ではない。本書は、やさしい理系の知識で、さまざまな疑問や謎にわかりやすく答えた。明日にでも人に話したくなる話材のつまった集大成、それが本書である。

博学こだわり倶楽部

理系の素朴な大疑問／目次

1 身近なモノに仕組まれた意外なカラクリ

2 学校じゃ教えてくれないどっきりウラ事情

3 にわかには信じられない驚きの事実

4 常識がひっくり返るまさかの発見

5 いまこそ決着！あの通説のウソ・ホント

6 返答に詰まってしまう〝当たり前〟のクエスチョン

7 聞かなきゃよかった残念すぎる真実

8 知って得する暮らしの「なぜだろう」

9 その道の人が明かすびっくり仰天の真相

10 面白い！と盛り上がる雑談の最強ネタ

1

身近なモノに仕組まれた意外なカラクリ

2つ折りシールハガキは、なぜ二度とくっつかない？

銀行や郵便局から届く通知には、ときおり、２つ折りでシールのようにぴったりくっついていて、四隅からはがすタイプのハガキがある。

接着剤にしてはずいぶんきれいにはがれるし、もう一度くっつけようとしてもくっつかない。いったいこの2つ折りハガキ、どういうしくみでくっつけているのだろうか。

こういうシールハガキには、少しザラザラしたふつうの紙のように見えるものと、つるつる光っているタイプとがある。

ザラザラした紙の場合は、一見ふつうの紙に見えるが、乾燥剤をごく細かくしたものを塗って、凹凸をつくってある。これを、ハガキ1枚当たり75トンという大きな圧力を加えてプレスすると、両面の凹凸が噛《か》み合って、２枚の紙がくっつくというしくみ。

その際、噛み合わせを安定させるため、ごく少量の接着剤を使うが、紙をくっつけているのは、あくまでこの両面の凹凸の噛み合わせだ。

シールはがき

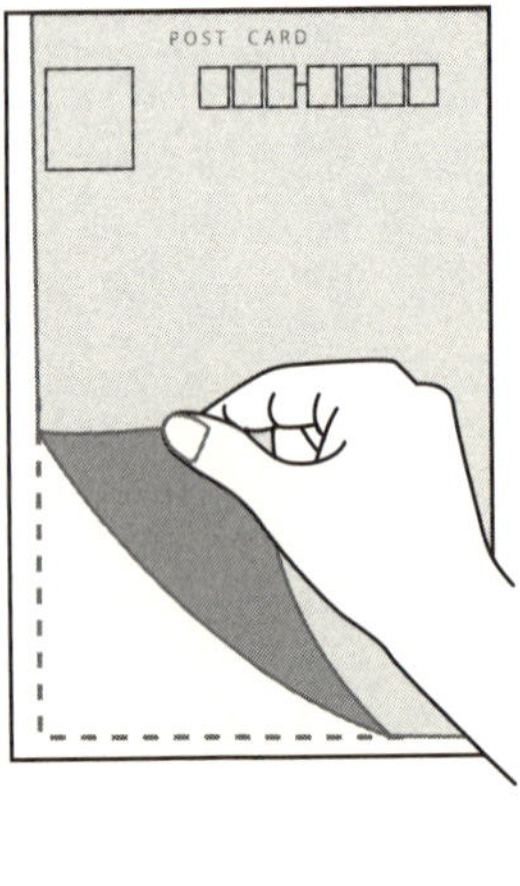

理屈からいえば、75トンの力でもう一度押せばくっつくが、一般家庭ではまずムリ。人の力で押さえたぐらいでは、圧力が足りずくっつかないのである。

これに対し、つるつる光って見えるタイプは表面がフィルムになっている。熱を加えてくっつけているので、こちらも手で押さえたくらいでは、くっつかないのだ。

加湿器のスチームはなぜ熱くない？

日本の太平洋岸地域では、冬になると空気が乾燥しがち。加えて、暖房器具を使うので、もっと乾燥は進む。

かつてはストーブの上に水を入れたやかんをのせて湯気で加湿したものだし、現代では加湿器のお世話になったりする。

不思議なのは、この加湿器、蒸気が上がって水がどんどん減っていくのに、上に手をかざしても、ぜんぜん熱くないことだ。

沸騰したやかんの湯気に手をかざせば熱いはず。沸騰するほど温度が高くないお風呂のお湯でも、湯気は温かい。

それなのに、どうして加湿器から出る蒸気は熱くないのだろう。あるいは、どうして熱くないのに蒸気が上がるのだろうか。

それは、超音波を利用しているからである。

加湿器のなかには振動板が入っていて、振動することによって超音波を送り出す。

すると、水中に圧力が低いところと高いところができる。

圧力が低いところでは水の沸点も下がるので、温度が低くても水は沸騰する。

加湿器から出てくる蒸気は、超音波の振動で沸点が下がり、温度が低いのに沸騰してできた水蒸気なのである。

瞬間接着剤はなぜ瞬間的にくっつく？

接着剤の役割というのは、いわばクサビのようなもの。

ほとんどの物は、いくら表面がスベスベしているように見えても、顕微鏡《けんびきょう》レベルで見れば凹凸がある。接着剤が固まったとき、この凹凸部分に食い込んでクサビの役目を果たしている。

もうひとつ、物質を構成している分子どうしが引き合う力（分子間力）も働いている。接着剤とくっつけられる物質の分子の間で、この力が生まれ、よりしっかりくっつくわけだ。

家庭用に市販されている瞬間接着剤の主成分は、シアノアクリレートという化合物。これは通常液体で、分子はバラバラの状態なのだが、ほんの少しでも水分に触れるとすぐに分子どうしが結合して固まる性質がある。

そしてその固まるスピードが、とにかく速い。瞬間接着剤と呼ばれるゆえんである。

一般的に、どんな物でもたいてい表面に水分をもっているので、ほとんどのものは瞬間的にくっつく。

シアノアクリレートは固まったとき、ひじょうに硬い樹脂に変わることも、接着剤に適している。鉄と鉄をくっつけたとき、1平方センチメートルの接着面で400キログラムの重さを支えられるくらいだという。

また、ちょっと思いもよらない使い方だが、体内の水分が70パーセント近い人間の体など、この接着剤は最適で、外科手術のとき、血管をつなぐ場合にも使われている。むろんこの場合、市販の接着剤ではなく、人体に無害の特別な接着剤である。

高速道路のトンネルの照明がオレンジ色の理由

高速道路を走っていてトンネルに入ると、視界がオレンジ色になる。高速道路のトンネルに、オレンジ色の照明が使われている場合がある。

この照明は、低圧ナトリウムランプと呼ばれるもので、ガラス管にナトリウムの蒸気が入っている。

排気ガスやほこり、煤《すす》が舞うトンネル内では、白い光では反射してしまうが、オレンジ色であれば遠くまで光を届けることができる。つまり、少しでも見通しをよくするために、この照明を使っているのである。

もうひとつ、消費電力が蛍光灯の2分の1、水銀灯の3分の2で済むという経済的な理由もある。

この経済的長所を活かし、最近では街灯にも使われている。

使い捨てカイロはなぜもむだけで温かくなる？

使い捨てカイロは、もむだけで温かくなるスグレもの。とくに受験シーズンともなれば、受験生の必需品である。

最近では、もむだけで温かくなるという不思議さも手伝って、海外旅行客のお土産《みやげ》として人気が高い。

物質は、酸素と結びついて化合すると、熱を出す。使い捨てカイロの原料である鉄も、酸素と結びついて酸化鉄になるとき、つまり錆《さ》びるときに熱を出す。長い時間をかけてゆっくり錆びるときには、熱を感じないが、急速に錆びると、ほかほか温かくなる。

使い捨てカイロは、鉄を急速に錆びさせることによって、酸化熱が出るようになっている。

鉄は、空気中の酸素と結合して酸化するわけだから、当然、空気に触れている部分が多いほど、錆びやすい。そのため、使い捨てカイロに入っている鉄は、細かく砕いた鉄粉になっている。

鉄粉のほか、一般的に、水、塩、活性炭が入っている。このうち水は、保水剤に含ませた形で入っていることが多い。水と塩は錆びるスピードを速くさせるためで、活性炭は空気をたくさん取り入れるため。水を保水剤に含ませるのは、鉄粉をべとつかせないためである。

これらを一緒にしても、空気がなければ酸化は起こらない。だから、プラスチックフィルムの外袋に密封された状態では温まらないが、外袋から出すと酸化がはじまる。

このときにもむのは、なかに入っている鉄粉と空気をよく混ぜ合わせることで、急速に錆びさせるためである。

だから逆に、使いかけのカイロを再び空気を遮断《しゃだん》するようにラップなどでくるんでしまえば、その時点で酸化は止まるので、また時間をおいて使うこともできるというわけ。ただ、そのとき酸化していない鉄粉があまり残っていなければ、次に使うときの保温時間は短くなる。

そもそも石けんで汚れが落ちるのはどうしてか?

手や顔を洗うとき、水やお湯だけより石けんを使ったほうが汚れがよく落ちる。なぜ石けんを使うと、汚れをきれいに落とせるのだろう。

石けんの原料は、古代メソポタミアのシュメール文明の時代から現代まで、さまざまな変遷《へんせん》を経てきたが、原理は同じ。アルカリ成分と油脂成分からつくられる。

現代の石けんの主成分は、ステアリン酸ナトリウム。

ステアリン酸ナトリウムは、水に溶けると、プラスの電気を帯びたナトリウムイオンと、マイナスの電気を帯びたステアリン酸イオンに分かれる。汚れを落とす働きをするのは、このうちのステアリン酸イオンだ。

ステアリン酸イオンは、「親油性」といって、油汚れをおおう性質があるいっぽう、「親水性」といって、水に混ざりやすい性質もある。

親油性と親水性の両方をもっていると、汚れの油分を包み込んで、水に混ざりやすくすることができる。だから、水では落ちにくい油汚れも、石けんでなら落とすことができるのだ。

電磁調理器でお湯が沸くしくみとは？

火事の心配がなくて安心だというので、ホテルの客室の湯沸かし器、賃貸マンションなどを中心に普及しつつある電磁調理器。火を使わないだけでなく、ニクロム線を使った電熱器のように熱くもならない。

それなのに、水を入れた鍋をかければお湯が沸くし、料理だってつくれる。

どうして熱くないプレートで、お湯を沸かしたり、料理を煮たりできるのだろうか。

電磁調理器では、プレートの下に磁力を発生するコイルがあり、ここに高周波電流を流すと、電磁石と同じように磁力が発生する。

そこで、このプレートの上に、鉄などの電気抵抗の大きい金属でできた鍋をのせると、磁力が鍋底を通るとき、無数のうず電流が発生する。

このうず電流と金属の電気抵抗によって熱が生まれ、鍋を加熱するというしくみだ。

鍋そのものが発熱体となるわけである。この方式は、鍋底自体が熱源となるからたいへん熱効率がいい。

また、インバータによって高周波電流の周波数を変えられるので、低い温度で長時間煮るなど、温度の微調整も自在にできる。

逆にいえば、ガラスや土鍋などは、電気抵抗が小さいので向いていない。

押さなくても触れるだけで作動するスイッチの不思議

エレベーターのボタン、銀行や郵便局のATM（キャッシュディスペンサー）など、押さなくても触れるだけで作動するスイッチが増えてきた。

触れるだけで作動するというのは、なんとも不思議である。

タッチ式のスイッチには、いくつかのタイプがあるが、エレベーターのボタンの場合は、数字の枠に、ごく弱い電気が通っている。このボタンに手を触れると、ボタンの微弱な電気が、触れた人の体を通って、エレベーターの床から地中に流れ、作動する。

だから、厚手の手袋をしたままボタンに触れても、電流が手袋にさえぎられるため、エレベーターが作動しないことがある。

このほかにも、タッチ式のスイッチには、指先の体温を感知するもの、触れることで起こる静電気をキャッチするものなどがある。

活性炭は臭いをどうやって吸いとるのか？

冷蔵庫や押し入れ、靴の脱臭など、いやな臭いをとるためによく使われる活性炭。どう見てもただの黒い物体にしか見えないのだが、そこにはどんなしくみがあって臭いをとっているのだろうか。

活性炭に限らず、固体の表面は、ものをくっつけやすいという性質がある。

分子レベルで見た場合、固体の分子は四方八方が隣《となり》の分子としっかりつながっているが、表面だけは、隣の分子がいないという不安定な状態だ。そこで、空中を漂って近づいてきた分子があると、結びつこうとする。

ただ、どの分子でも結びつこうとするわけではなく、相性がある。

臭いのもととなるものの大半は、窒素《ちっそ》やイオウを含んだ分子だが、活性炭は、この窒素やイオウと相性がよいため、これらの分子を吸いつけやすいのだ。

そのうえ、活性炭は多孔質《たこうしつ》といって小さな孔がたくさんあいているので、表面積がたいへん広い。たった1グラムの活性炭の表面積は、なんと1000平方メートルにも及ぶ。

表面積が広ければ、それだけものを吸いつける面積が広くなる。

しかも活性炭は、空気中にたくさん漂

っている水の分子は吸いつけないので、そのぶん、臭い分子をたくさん吸いつけられる。これが脱臭作用が大きい理由である。

洗わずにずっと使える化学ぞうきんのしくみ

拭き掃除がたいへんな広い場所、水を嫌う電気製品の拭き掃除をするときなど、なにかと便利なのが、化学ぞうきんである。ふつうのぞうきんと違って、水をつけなくても汚れが落ちる。

ふつうのぞうきんは、ほこりや汚れを水で濡らしてぞうきんの布目にくっつけたり、汚れを水に溶かしてぞうきんで包み込んだりしてきれいにするのだが、化学ぞうきんは、水の代わりに油を使っている。

蒸発しにくい油を、繊維にしみ込ませてあるのだ。

さらに化学ぞうきんには、汚れを落とす効果を高めるため、少量の界面《かいめん》活性剤を加えてある。

また、ふつうのぞうきんと違って、洗わずに使い続けるので、細菌やカビが繁《はん》殖《しょく》しないよう、抗菌剤や防カビ剤も加えてある。だから、化学ぞうきんは洗わなくても平気なのだ。

化学ぞうきんを最初に思いついたのは、アメリカの電話会社。電話の中継装置を掃除するのに水を使うわけにはいかないため、油を使って掃除していたという。これがヒントになり、化学ぞうきんが生まれたのである。

クオーツ時計はどうやって時を刻んでいる？

腕時計は、かつては毎日ネジを巻いて動かしていたものだが、いまではすっかりクオーツ時計が主流になった。

クオーツ時計は従来の時計に比べて正確である。どういうしくみで時を刻んでいるのだろうか。

「クオーツ」というのは水晶のことで、クオーツ時計は、正式には「水晶発振式電子時計」。水晶の「ピエゾ（圧電）効果」というものを利用してつくられている。

水晶は、叩いたり電圧を加えたりすることによってひずみを起こすと、結晶の両端に電気が発生する性質をもっている。これが「ピエゾ効果」だ。

クオーツ時計には、音叉《おんさ》のような形の水晶片が入っている。ここに弱い交流電圧を加えると、水晶片は振動し、1秒間に3万2768回という正確な周波数が発生する。

この周波数を、集積回路が1秒間に1回となるようにモーターを動かし、秒針を動かしているのである。

蓄電池が何回も繰り返し使えるのはなぜ？

ふつうの乾電池が、使い切り方式なのに比べ、充電すればまた役に立つのが蓄電池である。車のバッテリーのように、充電と放電を繰り返して、何度でも使えるというものだ。

蓄電池のなかには希硫酸《きりゅうさん》と、電極と

して鉛板、二酸化鉛板の2種類が入っている。この液と金属板が化学反応を起こして、鉛板のほうにマイナス電子、二酸化鉛板のほうにプラス電子が帯電して電極になる。これで電池としての働きをしている。

さて、ひと動きして放電してしまうと、鉛板も二酸化鉛板も硫酸鉛に変化しているし、希硫酸も硫酸分が薄くなっている。

そこで、元に戻すには、外部から電流を流すことになる。つまり、これまでの化学反応の反対の過程をたどることで、電池はよみがえるわけだ（充電）。

ただ、何回も放電と充電を繰り返していると、充電能力が落ちて、やがて寿命がくる。

蓄電池のしくみ

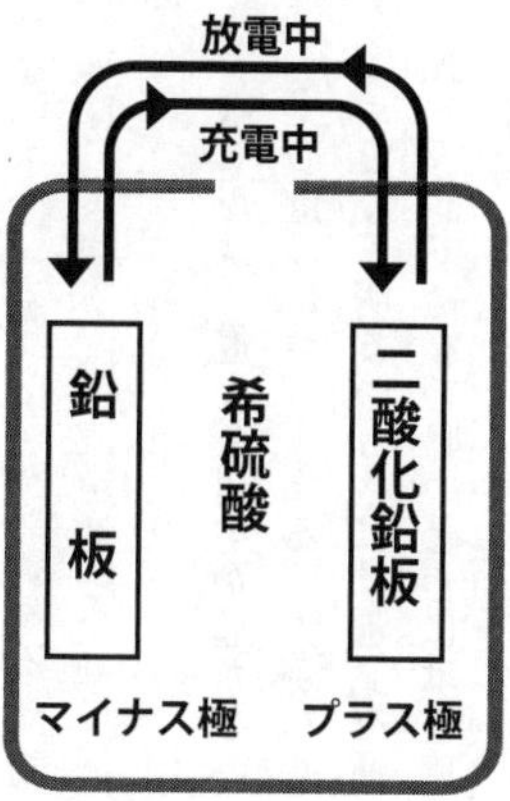

街灯がひとりでについたり消えたりするしくみ

街灯は、だれもスイッチをつけたり消したりしていないのに、日が暮れるとひとりでにつき、朝になり明るくなると消えている。このかしこい街灯の秘密は、「光導電セル」という半導体にある。

半導体は、電流を通す導体と、電流を

通さない不導体の両方の性質をもつ物質。条件によって、電流を通したり、通さなかったりする。

光導電セルは、電流を通すか通さないかは、光の量によって決まる。光がたくさん入ってくる明るいときには電流を通し、光の入ってこない暗いときには電流を通さない。

そこで、街灯では、光導電セルを電磁石につなぎ、電磁石が働いているときには、照明のスイッチ部分を磁力で回路から引き離すようにつくられている。

つまり、明るいときには光導電セルが電流を通すため、電磁石が働いてスイッチが切られ、照明が消える。

暗くなると、光導電セルが電流を通さなくなるため、電磁石が働かなくなり、スイッチは電磁石を離れて照明の回路をつなぐというわけだ。

街灯が消えているときは、電気が使われていないと思っている人も多いかもしれないが、じつは、照明を消しておくために、電気が使われているのである。

一方からしか見えないマジックミラーのしくみとは?

一方の側からはふつうの鏡にしか見えないが、もう一方からはただのガラスのように向こう側がよく見えるという、魔法の鏡がマジックミラーである。

身近なところでは、コンビニエンスストアや喫茶店の窓ガラスなどに使われている。

いったいこのマジックミラー、どうい

うしくみになっているのだろうか。

人間の目は、明るいところから暗いところを見ようとしてもよく見えないが、暗いところから明るいところを見れば、よく見えるようにできている。

マジックミラーは、鏡に見える側の部屋を明るく、ガラスに見える側の部屋を暗くして使用する。すると、暗い部屋から明るい部屋のようすはよく見えるが、明るい部屋から暗い部屋のようすは見えにくい。

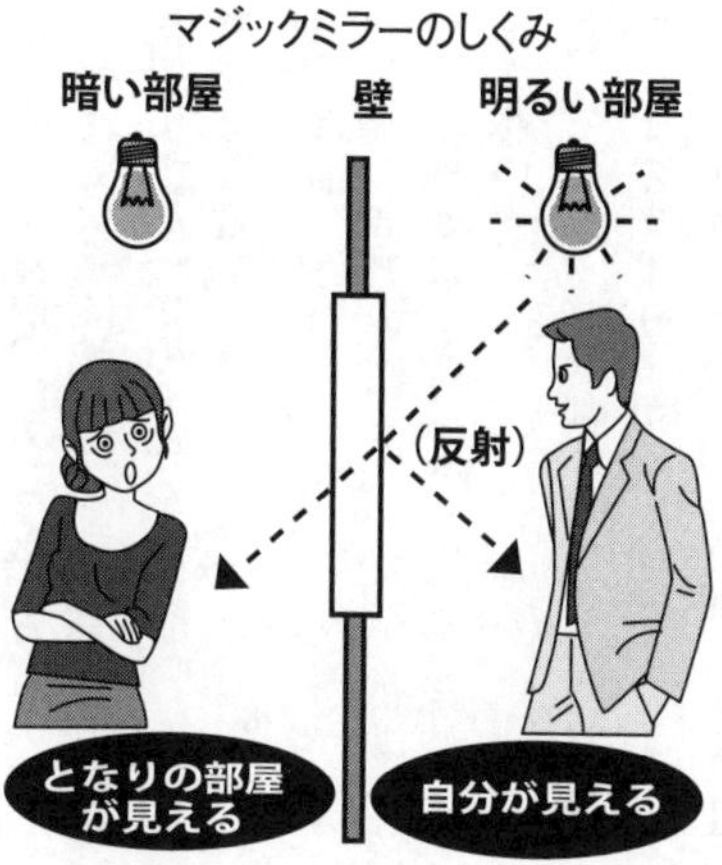

夜、電車に乗ったとき、ガラス越しに外を見ても自分の顔が映っていたりして、外のようすは見えにくい。だが、夜道を歩いている通行人からは、明るい車内はよく見える。それと同じである。
とはいっても、それだけでは、明るい部屋にいる人の目はごまかせない。
そこで水銀を利用している。
水銀は光を吸収しにくい性質をもっているので、ガラスの片面に水銀をぬると光を反射しやすくなる。だから鏡をつくるときは、ガラスの片面に水銀をぬって不透明にするが、マジックミラーの場合は半透明状態に薄くぬっている。半透明状態にすると光の半分を反射し、あとの半分を透過させる。

すると、明るい部屋側の人にとっては、暗い部屋からくる光より、反射する光のほうがはるかに強いので、鏡にしか見えない。

いっぽう、暗い部屋側にいる人には、反射する光より、明るい部屋からくる光のほうが強いので、向こう側がよく見えるというわけだ。

3分間写真の現像が速い理由とは?

駅ビルや街角などでよく見かける3分間写真。写真屋さんで撮ってもらうのに比べてずいぶん速いけれど、どうしてそんなに速く現像できるのだろう。

ふつうの写真は、まずフィルムに明暗逆転したネガ（陰画）で写し、そのネガをもう一度、明暗逆転させて、ポジ（陽画）にして印画紙に焼きつける。

だが、3分間写真ではフィルムを使わない。ストロボ撮影された人物の像はプリズムで画像を反転させ、直接ロールから繰り出される印画紙に像を結んでいる。

感光した印画紙は、1組ぶんがカッターで切断される。そして、薬品入りの処理容器に浸され、ポジに現像してから、定着、水洗いしたのち、送風機で乾かす。

つまり、ふつうの写真と違って、いったんフィルムにネガで写すという手順が省略されているので、速く現像されるわけだ。

パラボラアンテナはどうやって電波を集めている?

衛星放送の受信に欠かせないものといえば、パラボラアンテナである。

民家の屋根や、マンションのベランダの手すりに取りつけられていて、中華鍋のような形をしている。

しかしあの中華鍋のかたちの部分は、電波を集めるための集電器で、本物のアンテナは、その前に飛び出しているマイクのような部分なのだ。

衛星放送の電波は、放送局によって電波の飛んでくる方向と入射角が決まっている。その方向に向けて集電器を調節するのが、受信の第1段階。

衛星放送の電波は周波数が高く、光のように直進してくる。これを反射させて1点に焦点を結ばせると、電波の力が最強になる。焦点を1点に絞るため、直進してくる電波を反射させるのにもっとも適しているのが、あの中華鍋のような形なのだ。

つまり入射角と反射角が等しくなってそれぞれの電波が交わる部分が焦点で、そこにマイクのようなアンテナをセットするのが第2段階。

このようにして電波をキャッチすることができるわけだ。

ただし電波の飛んでくる方向と角度の部分に電波を遮《さえぎ》る高い建物や、しげった木があると電波は届かないので、その場合は調整が必要になる。

クリスマスツリーの電球が点滅するしくみとは？

クリスマスツリーの電球は、べつに自分でスイッチをつけたり消したりしなくても、自動的についたり消えたりする。ふつうの電球ではあり得ない。よくよく考えれば不思議な光景である。

クリスマスツリーの電球は、たくさんの電球が数珠《じゅず》つなぎに1列に並んでいる（直列回路）。そのため、どれかひとつの電球をゆるめれば、そこで電流が途切れてしまうため、すべての電球が消えてしまう。

つまり、自動的についたり消えたりする電球がひとつあれば、全部の電球がいっせいについたり消えたりするわけだ。

クリスマスツリーの電球をよく見てみると、ひとつだけほかの電球とは違う電球があるはずだ。

それが、すべての電球をつけたり消したりするスイッチの役割をする電球で、回路にバイメタルという金属板が使われている。

バイメタルは、熱で温められると反《そ》り返る性質がある。電球がつくとフィラメントが温まり、その熱でバイメタルが反ることで回路が切れ、電球が消える。

しばらくすると、フィラメントがまた冷えるため、バイメタルは元に戻り回路がつながり、電球がつく。この繰り返しが、クリスマスツリーの電球では起こっているのだ。

消しゴムはどうやって字を消している？

鉛筆で字が書けるのは、鉛筆の芯の細かい粒子が、紙の繊維《せんい》の間に引っかかるためである。

インクや絵の具のように、紙に液体がしみ込むわけではないので、この黒い粒子をうまくこそげ取って、そのあと紙に付着しないように包み込むことができれば、結果、消すことになるわけだ。

つまり、粘着力のあるものに黒い粒子をくっつけて取ることができればいい。

イギリスのプリーストリーという化学者が、生ゴムで鉛筆の黒い粒子を取ることができるのに気づいたのが、消しゴムのはじまりだといわれている。

消しゴムの主原料は、一般にポリ塩化ビニール樹脂《じゅし》と樹脂を軟らかくする可塑《かそ》剤、それに消しカスの出具合を調整する充填《じゅうてん》剤。

これに、着色剤や安定剤が加えられ、機械でよく混ぜ合わせたのち、成形し製品の大きさに切断すればできあがりである。

この材料を混ぜ合わせるとき、可塑剤を少し多めにして、充填剤を減らすなどの工夫をすると、消したときに出る消しカスに粘着性が出て、クズどうしがくっつき、散らばらない。

近頃増えてきた「消しカスの散らばらない消しゴム」は、こういった工夫がされているのである。

コンタクトレンズが目の裏側までいかない理由

「コンタクトレンズをはめたまま熟睡したら、レンズが目の奥に入ってしまった」「コンタクトレンズをなくしたと思っていたら、目の奥から出てきた」などという話を聞くことがある。

だが、そんな失敗談を耳にすることはあっても、レンズがほんとうに目の裏側にまで入り込んで、とれなくなったという話は聞かない。

レンズが目の奥に入り込むことがあるなら、そのまま裏側までいってしまうこともありそうなもの。

そういうことが起こらないのは、いったいどうしてなのだろうか。

コンタクトレンズの位置

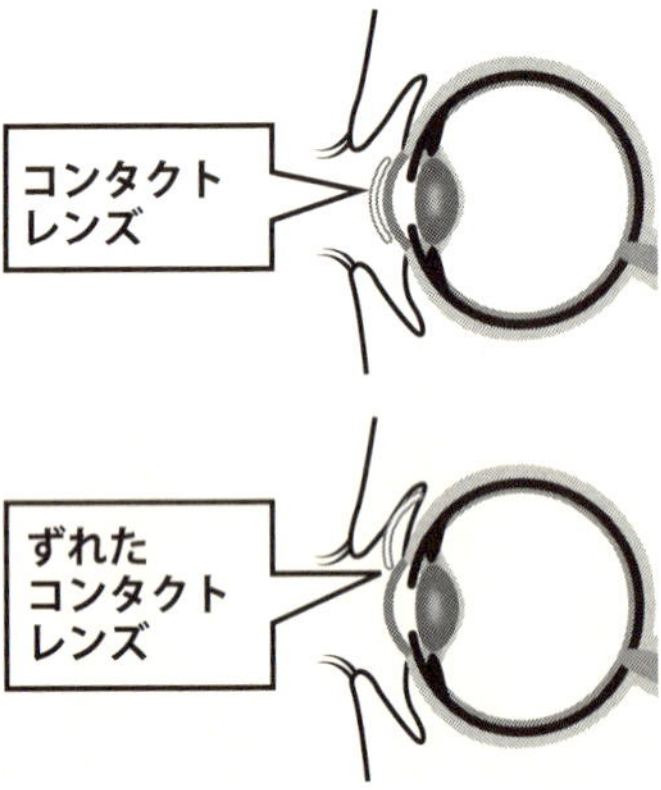

眼球はむき出しのまま眼窩《がんか》（眼球の入っている穴のこと）に収まっているわけではない。透明な皮膚の層でおおわれ、保護されている。

この皮膚の膜は、眼窩の奥の半分ほどの位置で向きを変え、まぶたの下に続いている。

つまり、眼球とまぶたの間の隙間は、透明な皮膚で袋小路《ふくろこうじ》になっており、異物がそれより奥に入り込まないようになっている。

このしくみのおかげで、コンタクトレンズは、この袋小路まで入り込むことはあっても、それより奥（裏側）に入り込むことはないのである。

スタッドレスタイヤがスリップしないしくみ

降雪シーズンともなれば、ノーマルタイヤから雪道用のタイヤの付け替えがおこなわれる。スノータイヤ、スパイクタイヤ、スタッドレスタイヤなどだ。

凹凸のあるスノータイヤやスパイクタイヤに比べて、スタッドレスタイヤは、それほど深い溝があるわけでもなく、ノーマルタイヤと大差ないように見える。

スタッドレスタイヤは、ノーマルタイヤとどこが違うのだろうか。

スタッドレスタイヤは、新雪のような軟らかい雪よりも、凍結した道路でスリップしないように工夫されたタイヤといえるだろう。

凍結した道路でスリップするのは、車の重量を受けた氷の表面が溶けて水の膜ができ、それですべってしまうのが原因だ。

だから、その水を取り除いてしまえば、すべりにくくなる。

スタッドレスタイヤには、ゴムを固めるときに、クルミなどの繊維を入れたり、細かい気泡を混ぜたりするなどして、スポンジのように、たくさんの小さな孔《あな》をあけてある。

この孔で水を吸い取りながら走るので、スリップを起こしにくいのである。

魔法瓶が、温度を保つしくみとは?

熱は温度の高いものから低いものへ伝わる性質をもっているが、その移動の仕方には3種類ある、と理科で習ったことを覚えているだろうか。

伝導、対流、放射である。

伝導は接触によって、つまりやかんの金属が熱せられることで、なかの水に熱が伝わって温められる状態。

対流は気体や液体が流れることで伝わるもので、お風呂の湯の沸き方とかストーブで温められた部屋の空気の流れなどがいい例だ。

放射は熱のエネルギーだけが電磁波で伝わるもので、代表は太陽の光である。

魔法瓶は、これら熱の移動をできるだけ妨げるような構造になっている。まず外容器と内容器に分かれていて、その容器と容器の間は真空に近くなっている。

また、接触部分も可能な限り少なくして

魔法瓶のしくみ

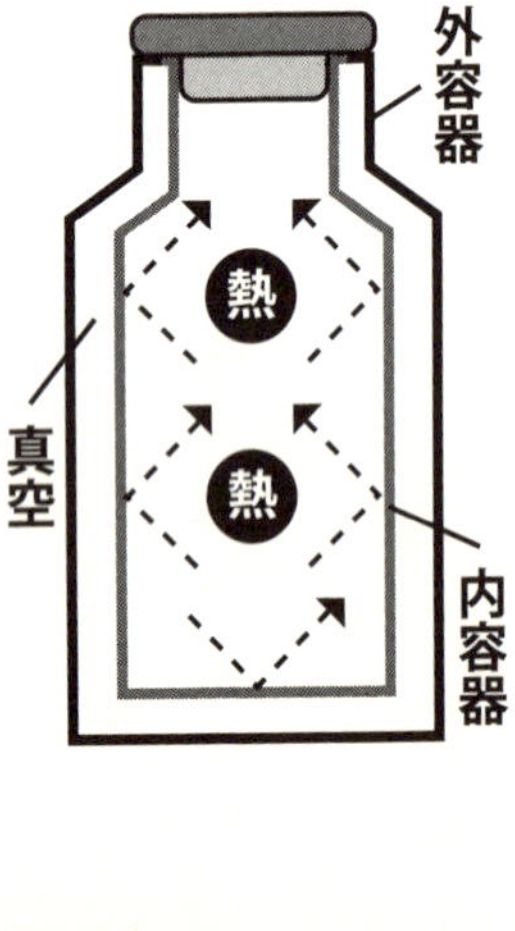

いる。

接触部分が少なければ、熱はほぼ伝わらない。真空であるということは、物質の分子が存在しないということだから、熱を伝導しようがないし、空気の流れがないのだから対流が起こらない。

さらに内容器の表面には銀メッキがほどこされていて、なかの液体から放射されるエネルギーを反射させて、熱の散逸《さんいつ》を遅らせるようにしてある。

ゆえに魔法瓶のなかは、外の影響をなるたけ受けないように守られているというわけだ。

和包丁と洋包丁はどこがどう違うのか?

包丁には、和包丁と洋包丁がある。和包丁のほうが切れ味鋭く、刺身などの生ものをあつかう店の厨房《ちゆうぼう》では、和包丁が使われる。

切れる包丁でないと、魚の身の組織を壊して変色を早めるからだ。

では、どうして和包丁のほうが、切れ味が鋭いのだろう。なにが洋包丁と違うのだろうか。

洋包丁は、最近ではステンレス製や合金製のものが多く出回っているが、もともとは、柄《え》以外は全部が鋼《はがね》でできている。それに対して和包丁は、軟鉄と鋼を組み合わせてつくられる。

鋼は、炭素の含有量が軟鉄より多く、熱して冷却すると硬くなる。硬くすればするほどよく切れるようになるのだが、その半面、折れやすくなる。

いっぽう、軟鉄は炭素の含有量が少ないため、鋼ほど硬くすることはできないが、そのぶん折れにくいという性質がある。

鋼だけの洋包丁は、折れることを防ぐためあまり硬く焼きを入れられず、結果、硬度がそれほど高くない。当然、切れ味は落ちてしまうのだ。

しかし和包丁は、軟鉄を入れることでじゅうぶん焼き固めることができるので硬くでき、よく切れる包丁がつくれるわけだ。

このように、和包丁のほうがよく切れる工夫がこらされているのは、和食の性質にも一因がある。和食は生の材料をそのまま使うことが多いため、包丁に切れ味の鋭さが追求されてきた。

だが、西洋料理では火を通す料理が多く、和食ほど切れ味の鋭さは必要なかったので、鋼のみでつくられたのである。

煙探知機はどうやって煙を探知する?

火災を未然に防ぐために、多くのオフィスやマンションに設置されている「煙探知機」。設置場所から離れたところの煙でも探知して警報を鳴らすというが、いったいどうやって探知するのだろうか。

この煙探知機は、光のビームで部屋をモニターしており、煙が光のビームを遮ると、警報のサイレンのスイッチが入るというしくみだ。

また、煙探知機のバリエーションとして、やはり火災防止の探知機に、「ガス漏《も》れ探知機」「イオン化探知機」がある。

「ガス漏れ探知機」は、その名のとおり、漏れた都市ガスを検出する探知機。

「イオン化探知機」は、火災が起こってなにかが燃えると、空気がイオン化するので、このイオン化した空気を探知して、警報を鳴らすしくみである。

ベーキングパウダーでパンがふくらむのはなぜ？

パンやケーキを焼くときには、ベーキングパウダーを入れる。これを入れないと、パンやケーキはふくらまず、せんべいのようにぺしゃんこのままである。

ベーキングパウダーの主成分は炭酸水素ナトリウムで、パン酵母のイースト菌の代わりである。だから、パンやケーキをふくらませるしくみも、パン酵母と同じである。

小麦粉にパン酵母を加え、水でこねてしばらくおくと、小麦粉に含まれるでんぷんや糖分が、パン酵母の働きで発酵し、二酸化炭素が発生する。

この二酸化炭素のまわりを、小麦粉に含まれるグルテンというタンパク質が包み込み、二酸化炭素の気泡をパン生地のなかに閉じ込める。

それで、パンはスポンジ状になり、軟らかくふくらむのだ。

ベーキングパウダーも基本的に同じだが、パン酵母のように、発酵するまで寝かせておく必要はない。加熱するだけで、主成分の炭酸水素ナトリウム自身が分解して、二酸化炭素を発生する。

パン酵母に比べてお手軽だが、もっとふわふわにしようと、ベーキングパウダーを入れすぎるのは失敗のもと。

炭酸水素ナトリウムが分解するとき、二酸化炭素だけでなく、炭酸ナトリウムもできているので、入れすぎるとパンが苦くなってしまう。

テフロン加工のフライパンはなぜ焦げつかない？

いまやフライパンの主流となっているのがテフロン加工のフライパンだろう。アルミに「テトラフルオロエチレン（テフロン）」というフッ素樹脂をコーティングして、料理を焦《こ》げつきにくくしたものだが、どうしてこのテフロン加工のフライパンでは、料理が焦げつきにくいのだろうか。

テフロンの分子は、炭素原子2個とフッ素原子4個からできており、水素原子を含んでいない。

水素原子を含む金属類は酸素と反応しやすいが、水素原子をもたないテフロンは酸素と反応しない。

酸素は電子を引き寄せる力が強いため、酸素がフライパンの表面にあると、料理も一緒にくっつきやすくなるのだが、テフロン加工だと、表面に酸素がつかないので、料理がくっつきにくくなるわけだ。

また、テフロンは、水分をはじきやすいので、料理と鍋との間に空気が入り、料理がべったり鍋に張りつくこともなく、これも焦げを防いでいる。

消波ブロックのあの形は、どうして生まれた?

海沿いを散歩していると、4本足の消《しょう》波《は》ブロックが目に入る。

この消波ブロックは、元から4本足だったわけではない。最初は正方形をしていたが、そこから現在の形に変化してきたのである。

そもそも消波ブロックの役割は、波から海岸を守り、砂浜の後退を防ぐこと。その役割を果たすためには、不安定であってはいけない。そこで安定性を増すために正方形に凹凸がつけられ、それが4本足になったというわけだ。

4本足になった消波ブロックは、重心が低く安定し、積み上げても脚どうしが絡み合って崩れにくい。しかも、適当な空隙のおかげで大きな波の力を吸収できる。

自然界でもっとも固い物質として有名なダイヤモンドを構成している炭素原子も、4本足の形をしている。4本足は安定を生む源なのだ。

火を使わず炊きたてになるアルファ米の秘密とは?

キャンプや登山などのアウトドアライフや、忙しいときなどのインスタント食品として便利なアルファ米。水やお湯を注ぐだけで、炊きたてのごはんになるのだが、火も使わずに、炊きたてのごはんができるとは不思議である。

米の主成分であるでんぷんは、「アルファでんぷん」の状態と、「ベータでんぷん」の状態がある。

アルファでんぷんは結晶になっておらず、水に溶けやすい状態なので消化がよく、食べてもおいしいが、ベータでんぷんは、結晶になっているため消化が悪く、食べてもおいしくない。

生の米はベータでんぷんの状態だが、水を加えて加熱すると、アルファでんぷんになる。しかし長時間たって冷めるとベータでんぷんに戻ってしまう。

アルファ米は、その名のとおりアルファでんぷんの米。いったん炊いてアルファでんぷんにしたものである。

だが、ごはんは冷たくなるとベータでんぷんになってしまうはず。どうしてアルファ米は、アルファでんぷんのままでいられるのだろうか。

アルファでんぷんは、水分がある状態で冷たくなると、ベータでんぷんになってしまうが、温かいうちに乾燥させれば、アルファでんぷんのままで安定し、冷めてもベータでんぷんに戻らないのだ。

じつはアルファ米はせんべいと同じ。せんべいがおいしいのは焼いて乾燥させることによって、アルファでんぷんを固定化しているから。

アルファ米は、炊きたてのごはんを急速乾燥させているので、アルファでんぷんのままで安定しているというわけだ。

映画フィルムはなぜ35ミリ幅になった？

劇場公開される映画は、35ミリフィルムにプリントされる。映画フィルムの規格は、幅35ミリである。

それは、そもそも映写機を発明したトーマス・エジソンが、35ミリ幅のフィルムでなければ映らない映写機をつくったのがきっかけである。

ではエジソンはなぜ、映写機にかけるフィルムの幅を35ミリに設定したのか。

さまざまな歴史的事実を洗ってみると、35ミリという数字は、じつは、エジソンが発明経費をケチった結果だったらしい。

エジソンは映写機の試作を重ねるために、膨大な量の写真フィルムを必要とした。その当時、米国で売られていた写真フィルムといえば、イーストマン・コダック社製の幅70ミリタイプで、それらはひじょうに高価な商品であった。

そこでエジソンは、実験経費を節減するためにフィルムを半分に切って使うことにした。当然の結果として、完成した映写機は、幅35ミリのフィルム用だったというわけである。

その後ほどなく、エジソンは映画を商業ベース化しようと決意。1896年、彼はイーストマン・コダック社に、世界初の映画専用フィルムを大量発注した。その幅はもちろん35ミリだった。

この日をもって、映画用フィルムの規格サイズは、35ミリ幅に決定づけられたのである。

ゴルフボールがデコボコしている理由

ゴルフをする人なら知っているが、ゴルフボールの表面にはたくさんのくぼみ「ディンプル」がある。

野球の硬式球やサッカーボールの表面はツルツルだが、なぜかゴルフボールには、凸凹のくぼみがある。

くぼみの役割はおもにふたつある。ボールの飛距離を伸ばすことと、軌道を安定させることだ。

ボールを打つとき、ゴルフクラブがヒットする面は斜めになっており、下からすくい上げる形で飛ばす。すると、ボールにはバックスピンがかかる。

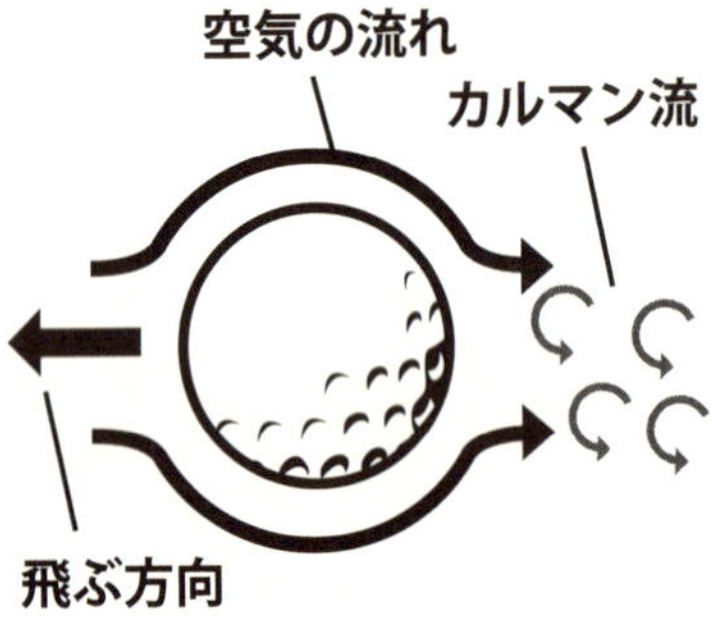

くぼみが生む効果

このとき、ボールの上側は空気抵抗を受け流すような向きで回るが、下側は空気に逆らう回転になる。これが気圧差となって、ボールを飛ばすのだ。

このとき、くぼみが前方の空気をボールの後ろ側へ引き込む役割をするため、前方と後方の気圧差が少なくなって、より前へ飛ぶ。つまり飛距離が伸びるわけだ。

軌道が安定するのは、後ろ側に起きる気流による。飛んでいるボールの背後には、カルマン流という渦が発生する。この渦はボールに影響を与えて、軌道が乱れることがある。

しかしくぼみがあることで、自ら小さなカルマン流を発生させ、カルマン流の増大を抑えている。その結果、ボールが軌道をまっすぐ飛ぶことにつながっているのだ。

テレビはどうしてあんなに薄くなった？

テレビといえば、かつてはブラウン管だったが、いまや薄型の液晶画面が主流となっている。あんなに薄くても映像を流すことができるしくみとは、どのようなものか。

そもそも液晶とは、「液体結晶」の略で、液体と固体の中間のような物質である。ふだんはバラバラに動くが、電圧をかけるときれいに並ぶ性質がある。

液晶を2枚の偏光板《へんこうばん》で挟《はさ》み、裏側から光を当てると、液晶の分子がバラバラな状態であれば光が透過《とうか》し、並んでいれば光を遮断《しゃだん》する。

この性質を利用し、液晶へ部分的に電圧をかけ、シルエットを浮かび上がらせる。そして電圧の調節やカラーフィルターで動くカラー映像を映し出しているのである。

4K、8Kテレビの「K」とはなにか？

近頃、家電量販店でよく見かけるのが、テレビの「4K」「8K」といったワードである。画質がきれいになるという雰囲気は伝わってくるが、この「K」とはなにを意味しているだろうか。

「K」は1000（キロ）を、つまり4Kなら4000を意味している。

この単位は解像度「ピクセル」である。現在主流となっているフルHD（フルハイビジョン）の解像度は、横1920×縦1080ピクセルだが、4Kテレビになると、横3840×縦2160ピクセル。このうち横（3840）が、おおよそ4000ピクセルであることから、4Kと呼んでいるのだ。

8Kテレビの場合は、横7680×縦4320となり、同じく横がおおよそ8000ピクセルであることがルーツである。

水の抵抗を減らす最新水着とサメの肌の関係

水泳選手が着用している最新の競泳用水着にはある秘密が隠されている。なんと、サメのウロコをモチーフに水着の表面をつくっているのだ。

サメはイルカと比べて水の抵抗を受けやすい体形をしているが、獲物を追いかけるときはイルカよりも速い。その理由は、小さな突起が並んだ皮膚の構造を知ると理解できる。

突起にはV字状の溝があり、泳ぐ際に溝の内部に縦渦《たてうず》が生じる。それが皮膚表面に発生する乱流を打ち消し、水の抵抗を小さくするので速く前進できるのだ。

最新の競泳用水着は、このしくみを利用しているわけだ。人類が水泳の記録を更新できるのは、サメのおかげともいえるのである。

100円ライターの中央の仕切りはなぜ必要？

コンビニなどで売っている100円ライターをよく見ると、液体ガスが入っている容器の真ん中に仕切りがあり、二部屋に分かれている。この仕切りにはいったいなんの意味があるのだろう。

液体ガスは、強い気圧のもとでしか液体でいられない。ライターは内部の気圧を高め、ガスを液体の状態で保存しているが、仮にガスを一部屋に入れておくと、内部からの圧力に耐えきれず、破損してしまう可能性がある。

そこで、仕切りを設けて二部屋にし、容器にかかる圧力を分散させているのだ。

のどの薬、トローチに穴があいているワケ

寒くて空気が乾燥している冬は、風邪

が流行する。風邪でのどを痛めてしまったとき、手にするのがトローチだろう。

トローチは飴《あめ》のように口のなかに含んで徐々に溶かす薬だが、なぜか真ん中に大きな穴があいている。

じつは、この穴には安全対策という役割がある。もともとトローチには穴があけられていなかった。いわば少し大きめな飴のようなものだったのだが、子どもが誤って飲み込んでしまい、気管に詰まらせて窒息《ちっそく》する事故が頻発《ひんぱつ》した時期があった。

そこで、万一気管に引っ掛かっても空気が通るよう穴があけられたのである。

その結果、穴をあけてからというもの、子どもの窒息事故は減ったといわれている。

水を入れると固まるセメントのしくみ

土木建設事業に欠かせない資材のひとつがセメントである。

セメントは石灰石や砂利《じゃり》、粘土などに水を混ぜてつくる。水を混ぜると、ふつうは泥のように軟らかくなりそうなものだが、セメントはそうはならない。

軟らかくなるどころか、逆に固まる性質がある。

セメントには、カルシウムやアルミニウム、ケイ素、鉄などの元素が含まれている。これらは水を混ぜることで溶け出し、水に溶けにくいセメント水和物という結晶だけが残る。

すると溶けた元素が、セメント水和物

の間を埋めていき、固まるようになっているのだ。

なぜイヤホンには、右と左が決められている？

音楽好きがこだわるもののひとつに、イヤホンやヘッドホンがある。

最近ではわずらわしいコードがない完全ワイヤレスタイプも登場しているが、それでも「R」と書かれた右用と「L」と書かれた左用は決められている。

どうせ両耳で聞くのだから、どちらの耳でも問題ないようにも思えるだろう。

じつは右用から聞こえる音と、左用から聞こえる音は同じではない。

右用からは、音源の右側から録音した音が、左用からは左側から録音した音が聞こえる。人間の耳は顔の左右についており、音源から伝わる音はそれぞれの耳に微妙に異なる。そうして立体的に音を聞いているのだ。

右用と左用で違う音を出すのも、音に立体感をもたせるため。右用は右耳に、左用は左耳につけたほうが、より自然な音になるのだ。

「フッ素配合」の歯磨き粉で虫歯予防ができる理由は？

歯磨き粉のテレビＣＭや広告などを見ると、「フッ素配合」という表示をよく目にする。「虫歯に強い！」などの表現を見かけるが、じつはフッ素が直接虫歯に作用するわけではない。その代わり、虫歯になりそうな歯を強くする役割をもつ。

人間の口のなかでは、細菌が出す酸によって歯の成分が溶ける「脱灰《だつかい》」という現象が起きているいっぽう、同時に唾液《だえき》のなかのカルシウムが歯に入って修復する「再石灰化」も起こっている。

通常であればこのふたつの現象がバランスをとっているが、脱灰が進みすぎて再石灰化が追いつかなくなったときに虫歯になる。

このなかでフッ素は、歯の主成分であるエナメル質に吸着する。するとエナメル質がより強固な結晶構造に変わり、酸に強くなって脱灰を防ぐのだ。

その間も唾液中のカルシウムによる再石灰化が進んでいくため、結果として虫歯になりにくい歯ができるわけだ。

電化製品のリモコンが混線しないワケ

家のなかにはテレビ、ＤＶＤプレイヤー、エアコンなど、複数のリモコンがあるだろう。それでも、ほかの電化製品が間違って動き出したりしない。

リモコンから機械に送る信号は、赤外線が一般的だ。無線電波では届く範囲が広すぎ、超音波は周波数を順番に変える必要があるため、赤外線がいちばん便利なのである。

赤外線式のリモコンはパルス信号という暗号を送り、機械は受信した暗号を暗号表と照合して作動する。

暗号はリモコンごとに違い、機械は正しい暗号を受信したときだけ反応するように設定されている。そのため、部屋に複数のリモコンがあっても、混線しないのである。

ビール瓶の王冠のギザギザが21である理由

ビールの王冠はふちがギザギザしている。ギザギザの数は21個。なんとなく21になったわけではなく、これには理由がある。

王冠を使う飲み物といえば、ビールを筆頭とした炭酸飲料である。炭酸が抜けないように、わずかな隙間もなくきっちりと栓を閉めなければいけない。

力学的には、モノを固定する場合は4点で支えるよりも3点で支えるほうが、よりしっかりと固定できる。

しかし、たった3点で王冠を固定するのにはムリがある。そこで3の倍数で試していった結果、いちばんきっちりと閉まったのが21の支点で固定した場合だったのである。

以来、王冠のギザギザは21個という不《ふ》文律《ぶんりつ》が今日まで続いている。

風邪の特効薬は、なぜ創れない？

風邪は人間にとってもっとも身近な病気である。毎年多くの人がひいているのに、じつは特効薬は存在しない。市販の風邪薬は症状を和《やわ》らげるだけで、風邪を治すわけではない。

風邪を治す特効薬がないのは、風邪の原因を知ればわかるだろう。

じつは「風邪」という病気は存在しない。風邪は、ウイルスの感染によって起こる鼻、のど、気管の炎症などの症状全般を指す通称であり、マラリアなどのように特定の原因がある「病気」ではないのだ。

風邪の症状の原因となるウイルスは数えきれないほどあるが、そのなかで約40パーセントを占めるのは「ライノウイルス」だ。

ではこれに対抗するワクチンをつくれば40パーセントの風邪に効くのかというと、そうはいかない。このウイルスの型（抗原）は100以上あり、型によって効くワクチンも違ってくる。

つまり、風邪とひと言で表わしても、原因となるウイルスの種類が多すぎて、一種類の薬では手に負えないのである。

日焼け止めクリームで日焼けしないしくみ

小麦色の肌は健康的に見えるが、実際はそうでもない。紫外線の浴びすぎは免疫機能低下や皮膚がんの原因にもなるといわれている。

そんな紫外線から身を守るための必需品が、おなじみの日焼け止めクリームだ。

クリームには紫外線散乱剤と紫外線吸収剤が配合されており、紫外線は二重にカットされるしくみになっている。

散乱剤は酸化亜鉛やチタンなどの金属の粉末で紫外線を反射し、吸収剤はサリチル酸やパラアミノ安息香酸《あんそくこうさん》などの有機化合物が紫外線を吸収する。

このふたつを組み合わせることによって、紫外線が皮膚の細胞に届かないようにしているのである。

形状記憶シャツは、なぜシワにならない？

スーツを着る男性にとって形状記憶シャツはとてもありがたい。アイロンをしなくていいし、クリーニングに出す必要もない。時間とお金の節約になる。

形状安定シャツがシワにならないその秘密は加工法にある。

まず、シャツにシワがよる原因について考えてみよう。シャツの素材には吸水性と肌触りがいい綿が好まれるが、綿は化学繊維に比べて密度にムラがあり、シワができやすい。

つまり、シワをつくらないようにするには、できるだけ目が詰まった部分を増やして密度を均一にすればいいわけだ。

以前はポリエステルと綿の混紡糸で生地を織り、樹脂加工と熱処理を加えて目を詰めていく加工法が使われていた。しかし、この方法では樹脂が繊維の表面に集まってしまい、汗を吸いにくく蒸れやすくなるという欠点があった。

そのため、現在はホルムアルデヒドを主成分とするガスを使った新しい加工法が主流になっている。これはガスを繊維の隙間に注入して目を詰めていく方法だ。ガスを微細な部分まで浸透させて繊維間をつなぎ、「架橋《かきょう》構造」という均一の構造をつくる。

この加工のおかげで、蒸れずに、しかも吸水性と速乾性も併せもった形状安定シャツが登場したわけである。

囲碁の白石、黒石の大きさが違う、納得の理由

囲碁は白と黒の碁石を交互に並べ、広い領域を獲得したほうが勝つという陣取りゲーム。日本では人気の面で将棋に劣るが、世界的には将棋よりずっとメジャーである。

囲碁に欠かせない碁石のサイズは一見すると、どれも同じに思える。

だがじつは、黒石のサイズが22・2ミリ、白石のサイズが21・9ミリと、微妙に違う。

なぜ黒が0・3ミリ大きいのか。それは黒が収縮色で、白は膨張色だから。

黒石も白石も同じ大きさだと、対局中に同じ面積を獲得していても、白側が優勢に見え、黒石側は劣勢に感じてしまう。

囲碁は心理面が占める要素が大きい競技。それだけに、公平を期する必要がある。

つまり、目の錯覚が勝敗に影響するのを防ぐために、大きさに規定があるというわけだ。

②

学校じゃ教えてくれない どっきりウラ事情

食虫植物が、わざわざ虫を食べる理由

ハエトリソウ（写真）やウツボカズラなどは、コバエなどの小さい虫を食べる、いわゆる食虫植物である。

ふつうの草木にはない生態だが、なぜ彼らは肉食になったのか。

一般的な植物は、光合成によってエネルギーを得るほか、体細胞をつくるために根から土壌中の窒素《ちっそ》やリンなどの栄養分を吸収している。

ところが食虫植物の多くは、やせた土壌の土地に生息しており、根からじゅうぶんな養分をとることができない。そこで虫を捕らえるようになったのだ。食虫植物が虫をとるのは、虫から養分を吸収するためである。

したがって、ハエトリソウやウツボカズラなどを育てようと、自宅にプランターを置いてじゅうぶんな水分を与えていると、それで栄養が足りているので、虫を捕まえないのだ。

なぜ女性のほうが男性より7年長生きするのか?

どこの国でも、一般的に女性の平均寿命は、男性よりも長い。しかも、その長さは約7年と大きく違わない。この理由については諸説ある。

ひとつ目は、男性ホルモンには体内時計を早める作用があり、女性よりも早く寿命が尽きてしまうという説だ。

ふたつ目は、男性ホルモンによって、男性の代謝が活発になるからという説。代謝が活発化して酸素の消費量が多くなると、細胞の老化を促進する活性酸素がたまりやすくなるというのだ。

3つ目は、女性の免疫力が高いという説だ。女性は妊娠中に自分と異なる抗体をもつ胎児を育てなければならない。そのため、生まれつき免疫力が高いといわれている。

そのほか、男性のほうが飲酒、喫煙、外食などをする比率が高く、外的要因に理由を求める説もある。

いずれの説も確証がなく、約7年という長さについてもはっきりしたことはわかっていない。

20人でジャンケンすると勝負がつくまで何回かかる？

ふつう、20人でジャンケンをするとなると、まず、何組かに分かれてジャンケンをする。

そして、勝った者どうしで再びジャンケンをするという方法がとられる。

そうしなければ、20人同時のジャンケンでは、時間がかかって仕方ないことを経験的に知っているからだ。

では実際に、20人同時でジャンケンすれば、何回かかるのか。

計算上では、勝負がつくまでに約108回もかかるのである。

もちろん、1回のジャンケンで、1人がグーを出し、19人がチョキを出すと、1回で決まってしまう。

しかしその確率は、わずかに0・9パーセントだという。1000回やって9回起こる程度である。

2人だけのジャンケンで、1回で決着がつく確率が約66パーセントであることを考えれば、きわめて小さいのである。

人は体温が何度になったら凍死するか？

真冬に冷水のなかに落ちたり、雪山で吹雪にあったりしても、すぐに死ぬわけではない。

実際、酔っぱらって、冷たい運河に落ちたのに助かったり、吹雪のなかでも長時間耐えぬき生還している人はいる。

凍死というと、気温の低さを考えがちだが、じつは外気の温度と凍死は、直接には関係ない。

それより、体温、とくに直腸温度が下がることが危険なのである。

人間の直腸温度は、ふだん摂氏36～37度でコントロールされている。

これをセットポイントと呼んでいるが、これより低くなると凍死する確率が高くなる。

たとえば、冷水のなかに落ちると、体から熱が奪われて体温がどんどん低下していく。直腸温度が35度を下回ると、体温調整能力を失い、やがて筋肉が脱力し、動けなくなってくる。

さらに、意識がもうろうとして幻覚が

起こり、直腸温度が30度になると、意識を失う。さらに下がっていくと、脈拍が弱くなり絶命に至るのだ。

ちなみに、世界最大の凍死事件は、1812年10月に起きた。モスクワを襲った大寒波によって、ナポレオン軍の兵士18万人が凍死した事件である。

夜中に突然襲ってくる金縛りの正体

テレビ番組の心霊特集でよく話題に出る金縛り。寝ているときに体が押さえつけられているように動かなくなる現象である。

このオカルトめいた現象は、睡眠の質に関係している。

そもそも睡眠は、脳が休んで体が起きている「ノンレム睡眠」と、脳は活動しているが体が休んでいる「レム睡眠」が周期的に繰り返されている。

ふつう、眠りに入るときや目覚める直前はノンレム睡眠だ。

しかし、不規則な生活をしたり疲れているときは、入眠時にレム睡眠になったり、レム睡眠中に突然目覚めたりすることがある。

このとき、脳は目が覚めたような状態なので意識もあるのに、体（筋肉）は休んでいて動くことができないということが起こる。

手足だけでなく呼吸器系の筋肉も弛緩《しかん》しているため、息も苦しく感じる。これが「金縛り」の正体だ。

とくに、不安な気持ちや緊張状態で眠りに入ると「スリープ・オンセット・レム」と呼ばれる特殊なレム睡眠が起こることがあり、この状態で見る夢や幻覚は心の不安を反映した怖いものになりやすい。このため、心霊現象と結びつけられやすいのだ。

ビタミンBはなぜ「B_2」の次が「B_6」なのか?

ビタミンBには、「B_1」「B_2」「B_6」「B_{12}」の４種類の成分がある。はじめはひとつの成分と思われていたのが、化学分析の発達につれて、成分の混合物だとわかったのだ。

それにしても、４つあるのなら、「B_1」「B_2」「B_3」「B_4」にすればよさそうなもの。実際、ビタミンDの成分は「D_1」「D_2」「D_3」と順番どおりに数字がふられているし、ビタミンKも、「K_1」「K_2」「K_3」である。

なのに、どうして、ビタミンBだけ、「B_1」「B_2」「B_6」「B_{12}」と、数字がずいぶんとんでいるのだろうか。

ビタミンB類は、たくさん発見され、順番に登録されていったのだが、その後の研究で、じつはビタミンではなかったことがわかり、抹消された結果である。

ちなみに、ビタミンBは、１９１０年に世界で最初に発見されたビタミン。AよりBのほうが先に発見されたというのは、奇妙に思えるかもしれないが、当初は米ぬかから発見されたことから、イネの学名にちなんでオリザニンと命名されていた。

のちにこれと同様の性質をもつビタミンAが発見されたために改名されたのである。

こうして、あとから発見されたほうが「ビタミンA」に、先に発見されたほうが「ビタミンB」になったのだ。

ドライアイスの白煙は二酸化炭素じゃないって?!

夏場に魚や肉などの生鮮食品を買った際、スーパーでドライアイスをもらうことがあるだろう。

ドライアイスは二酸化炭素の固体。摂氏マイナス79度以下とひじょうに冷たい物質で、白い煙をまとっている。

この白い煙について、二酸化炭素のガスが漂っているものと思い込んでいる人もいるだろうが、そうではない。二酸化炭素は気体になると目に見えなくなり、白く見えることはないのだ。

では、白い煙の正体はいったいなんなのだろうか。

じつは水である。冷やされた空気中の水蒸気が、水（液体）や氷の細かな粒になって見えているわけだ。

つまり、二酸化炭素は見えないが、そ

ドライアイスから出る煙も、水に入れたときに出る煙も、凍った水の粒である

のまわりにある水分子を固化（あるいは液化）させて白い煙状にするのである。

頭を使うとやたらにおなかがすく理由

試験勉強などで一日中机と向かい合っていると、体を動かしているわけではないのに、妙におなかが減るものだ。

これは気のせいではない。頭を使うだけで驚くほど多くのエネルギーを消費するのである。

人間の脳の重さは、体重の約2パーセントしかないが、全身で消費するエネルギーの20パーセントを消費している。

仮に1日のカロリー摂取量を２０００キロカロリーとすると、脳は1日約４００キロカロリーも消費している計算だ。筋肉の消費エネルギーとほぼ同じと考えると、いかに多いかわかるだろう。

しかも、ほかの臓器はさまざまな栄養素をまんべんなく使うのに対し、脳はブドウ糖のみを消費する。

頭を使うとおなかが減るのは、人体のしくみ上、当然なのである。

フグ毒とコブラ毒、より危険なのは？

強い毒をもつ動物といえば、世界最大級のヘビであるキングコブラや高級食材でもあるフグが思い浮かぶ。

では、キングダコブラの毒とフグの毒を比べると、どちらが危険なのか。

キングコブラの場合、ひと咬《か》みで注入される毒の量が7ミリリットルにも及ぶ。これは象1頭、人間なら20人に相当する致死量である。毒が人間の体内に注入されると、2〜3時間で呼吸が止まり死に至るとされる。

いっぽう、フグの毒はテトロドトキシンといい、青酸カリの1000倍もの強い毒性をもっている。人間の致死量は0・5〜2ミリグラムで、3〜6時間で死に至る。

過去の例では、マフグ1匹の肝臓で32人、トラフグの卵巣で12人を死亡させたことがある。

毒の強さはどちらも強力だが、毒が体に入ってから死に至るまでの時間だけを見ると、恐ろしいのはキングコブラのほうかもしれない。

人体でもっとも多くを占める元素は?

ヒトは地球上のあらゆる生物のなかで、もっとも知能が高いとされている。それほど高度な生物なのだから、人体はさぞかし複雑な構成元素をもっているに違いない。

しかし、こと細胞を構成している元素レベルで考えると、人体はじつに単純である。

元素は100余りが知られているが、人体を構成している元素は、そのうちの約30種類。

おもな元素を比べると、酸素が65パーセント、炭素が18パーセント、水素が10パーセント、窒素が4パーセントとなっており、これら4つの元素で全体の97パーセントを占めている。

成分で考えれば、約70パーセントが水で、あとはタンパク質とカルシウムがほとんどである。

このシンプルな構成要素が、複雑な人間を形づくっているのだから、生物とはじつに神秘的である。

金銀と火山の切っても切れない関係とは?

資源に乏しい日本は、しばしば「資源貧国」と呼ばれることがある。金・銀・銅などめぼしい資源はほとんど採れず、現在、国内で稼働している鉱山といえば、鹿児島県の菱刈《ひしかり》鉱山くらいだろう。

しかし、かつては佐渡《さど》金銀山、生野《いくの》銀山、石見《いわみ》銀山など70か所近くの鉱山があり、多くの金・銀・銅を産出していた。

マルコ・ポーロが『東方見聞録』に「黄金の国ジパング」と記し、戦国時代頃には、日本は世界の銀の3分の1を産出するほどの資源大国だったのである。

これだけ多くの資源が、国土の狭い日本に埋蔵されていたのは、火山のおかげだった。火山が鉱物資源の鉱脈をつくっていたのである。

もともと火山を形成するマグマには、金属の元素が含まれている。マグマが冷えると、マグマに含まれていた水分が金属の一部を伴って熱水として分離する。

やがてその熱水が、地下の割れ目や断層に入り込み地表に向かって上昇するにつれて、温度が下がっていく。すると、溶け込んでいた金属が固形化して沈殿《ちんでん》するのだ。

　このような過程を経て、割れ目内部に鉱物ができると、鉱脈が生成されるのである。

　つまり火山は、地中にあるさまざまな元素を地表へ運び、鉱床《こうしょう》をつくる働きを担っていることになる。

　火山はこのような働きを、とほうもない年月をかけておこなってきた。たとえば石見銀山は140万年前、菱刈鉱山は100万年前にできた鉱床である。

ハチの巣穴はなぜどれも六角形なのか?

　暖かい季節になると、ハチも活発に動き回りはじめる。最近ハチの姿をよく見るなと思っていたら、玄関先にいつの間にかハチの巣がつくられていたということもよくある。

　テレビなどでハチの巣退治のようすを見るとわかるが、ハチの巣は内部に六角形の部屋が並ぶ構造になっている。これは、ハチたちの省エネ・省空間活用術にほかならない。

　巣は、ハチがつくる蜜蠟《みつろう》からつくられるが、ハチにとっては、なるべく少ない蜜蠟で巣をつくり、残ったハチミツは食料としてとっておきたい。

　そこで、部屋を並べたときに無駄

なスペースをなくした形のほうが効率がいい。

部屋ごとの外周の長さが等しい場合、面積は正六角形がもっとも大きくなる。ハチがこのことを計算して六角形にしているとは思えないが、自然の神秘のなせる業《わざ》である。

なぜ冒険者は幻覚を見やすいのか？

単独での極地探検や大洋航海などをおこなう冒険家、探検家たちの手記や記録には、幻覚症状が現われたという記述がしばしば見られる。

これは「孤立性幻覚」と呼ばれるもので、なかでも単身ヨットで大西洋を横断したドイツの冒険家・リンデマンの体験が有名である。

睡眠不足が続き、ろくに食事もとれなかったとき、彼は幻聴や幻覚に悩まされた。「君は眠っていていい」などといった声を聞いたり、海上に人や馬の姿まで見たりしたという。

また、イギリスの汽船と彼が出くわしたときのことである。

汽船の船橋に望遠鏡をもっている人が見え、その人が「リンデマンさん」と声をかけ、話しかけてきたというのだ。

たしかにそこに人がいたかもしれないが、その船のなかにドイツ語を話せる人は乗っていなかった。

これは、自分の心の声だった可能性が高い。

このように、孤立性幻覚は、睡眠不

足、飢餓《きが》感、極度の疲労といった肉体的条件、そして遭難の不安などの精神的条件によって現われるのだ。

また、自分の欲求を代行するような内容の幻想に近いものが多いといわれる。

登山者をおどかす「ブロッケンの妖怪」の正体

古くから、登山者たちが山で見る恐ろしい化け物がいる。「ブロッケンの妖怪」といわれるもので、登山者の前方に円が現われ、そのなかに妖怪のような人物がシルエットになって映るのである。

ドイツ中部のハルツ山脈のブロッケン山にひんぱんに現われることから、この名がついた。

ブロッケン山はゲーテの戯曲『ファウスト』にも出てくる霊山であり、そのことが、ますます妖怪を神秘的な存在にしたものらしい。

だが、じつはブロッケンの妖怪は化け物でも幻覚でもなく、科学的に証明できる自然現象である。

ブロッケン現象

その正体は虹のひとつ。太陽を背に受けて、前方に雲や霧があるとき、円形の虹が出現して、そのなかに登山者自身の姿が反射して映る。

つまり、妖怪は登山者自身というわけだ。

日本では、ブロッケン現象は、極楽浄土《ごくらくじょうど》からきた阿弥陀如来《あみだにょらい》の姿とされ、信仰の対象だったようだ。

よく晴れた暑い日に蜃気楼が見えるワケ

砂漠を旅行していて、遠くに湖が見えることがある。でも、いけどもいけども湖にはたどり着けない……。

この幻のオアシス、すなわち蜃気楼《しんきろう》は砂漠でなくても見ることができる。

たとえば、太陽が照りつけ熱せられたアスファルト道路。「逃げ水」と呼ばれるもので、角度によって、路面が濡れているように見えることがあるだろう。

これは、地表から上昇する空気とまわりの空気の温度差によって、空気の密度に差が生じ、光の屈折によって起こる現象だ。

熱せられたアスファルト道路の上に立ちのぼる熱い空気のかたまりの内部で、光が反射し、チラチラとゆらめくのである。それがあたかも水のように見えるというわけだ。

砂漠では、のどが渇《かわ》いている旅行者が、水を求めるあまり、水の幻を見るなどとされるが、この幻のオアシス、蜃気楼はあちこちで見られる、科学的に説明できる現象なのである。

満月の夜に殺人事件が増加する謎

むかしから、満月の日には精神が乱れやすいといわれるが、だとするならば、犯罪や事故も多くなるのではないかという疑問は、当然わくだろう。

実際、満月の夜には、なぜか交通事故が多いという統計結果があるというし、ニューヨーク市の火災調査局の調査によると、満月の日には、放火事件が2倍に増えるという。

アメリカの精神科医A・L・リーパーと、臨床心理学者キャロリン・シェリンのチームが、フロリダ州デイド郡でおこなった調査がある。

彼らは、1956年から1970年までの15年間に、デイド郡で起こった殺人事件1887件を月齢別に統計した。月齢ごとに、前後72時間、48時間、24時間に起こった殺人事件をグラフにしたのだが、そうすると、満月の日に、殺人事件数は最高値を示したのである。

また、2番目に多かったのが新月。正確には、新月の直後だった。

満月のときの殺人事件数は、平均の約1・4倍で、新月のときは約1・3倍。ほかの月齢のときに比べて、偶然とは考えられないほど、顕著《けんちょ》に多かったのである。

理由ははっきりしないが、統計は、満月が人の精神に影響を及ぼすことを示唆している。

地球はなぜ太陽のまわりを回り続けるのか？

地球は、誕生以来、同じような距離を保ちながら、太陽のまわりを回っている。

どうしてこんなふうに、何十億年も、同じように回っていられるのだろうか。

結論からいえば、太陽の引力と地球の遠心力が絶妙につり合っているからにほかならない。太陽は、地球の33万倍も質量があって、当然、地球に強力な引力を及ぼす。

引力だけなら、地球はどんどん太陽に向かって落ちていくことになるのだが、同時に地球は太陽のまわりを回っていることで、外側に遠心力が働いている。

もしも、この遠心力が引力に比べて強すぎれば、太陽の引力をふり切って、太陽系の外へ飛んでいってしまう。

太陽の引力と地球の遠心力がつり合っているおかげで、いつまでも回り続けているのである。

なぜか東を向いて咲く、ヒマワリの成長法則の謎

ヒマワリは、発芽から開花までは太陽を追いかけるように先端の葉の向きを変え、完全に開花すると東を向いて止まる。

若いヒマワリが太陽を追いかける理由は、成長促進ホルモン「オーキシン」の「屈光性」が強いからだと説明される。

オーキシンは光の当たらない側に多く集まる性質があるため、片側だけが長く伸びて、結果、茎が光のほうを向くよう

に曲がるというのだ。

だが、この性質では説明できない謎がある。西を向いていたヒマワリは、朝までに東に向き直っていることだ。

これについて興味深い実験がある。鉢植えのヒマワリを正午に180度回転させたところ、数日間は太陽の方向を無視していたが、数日後に太陽の動きを追うようになったという。

つまり、ヒマワリは本来太陽を追って動くが、それを繰り返すと動きにクセがつき、このクセをとるのに数日かかるらしいのだ。

さらに、もうひとつ謎がある。開花すると東を向いたまま動かなくなるという習性だ。

これには、開花したら上を向かないほうが都合がいいからという説がある。温度が高くなると受粉や結実に不都合であるため、日光を真正面から受けないようにしているという。また、雨を避けて病原菌の蔓延《まんえん》を防ぐ効果もあるらしい。

北でも南でも西でもなく、東を向くのは、朝日に当たって夜露《よつゆ》を早く乾燥させ、病原菌に冒されにくくしているのだという。

この説が正しいのなら、そもそもほかの植物の花も東を向いて咲いてもいいはずである。なぜヒマワリだけなのかが説明できず、決定的な答えは謎のままだ。

事故がないのに高速道路で渋滞が起きる事情とは？

お盆の帰省、旅行シーズンになると、

高速道路は混雑する。とくに時間帯が重なると、事故も起きていないのに数十キロメートルの渋滞になることもある。

事故がなく、工事もない場合でも渋滞が発生するのはなぜか。

渋滞は、ある場所に許容量以上の車が殺到すると起こる。

とくに、上り坂がはじまるところなどで起きやすい。

ここに差しかかった先頭車が、上り坂だと気づかないまま走ってしまうと、自然とスピードが落ちていく。すると、後続の車も減速せざるを得ない。

これが数珠つなぎに後続車に起こるため、減速の度合いが増して連鎖していくのだ。

結果、後ろのほうで渋滞が発生するのである。

極論すれば、渋滞するか否かは、先頭の数台の車の運転にかかっていることになる。

このような渋滞を防ごうと、最近の高速道路では、「上り坂」の標識を掲げているところもある。

これは、ドライバーに減速しないように促すためである。

星はどうやって生まれるのか？

夜空に見えている星のほとんどは、太陽と同じように自分で熱や光を発する恒星で、年寄りの星もあれば若い星もある。この星たちは、いったいどうやって生まれたのだろうか。

まず、星の材料となるものだが、これは銀河系のなかに漂う星間ガス。銀河系の物質のうち、星間ガスの形で残っているのは数パーセントにすぎないが、それでも太陽の質量の数十億倍もある。星を生み出すのにじゅうぶんな量である。

星間ガスは密度が高くなると、広がろうとする力より互いに引き合う引力のほうが大きくなって、どんどん集まって縮みはじめる。

ガスの密度が高いほど縮みやすくなり、縮んだガス雲はやがて回転をはじめ、中心部に塊《かたまり》ができる。

塊ができると、その塊に向かって進んできたガスが衝突して、そのエネルギーで塊が熱を出しはじめる。

この段階が、「原始星」と呼ばれるものだ。

原始星は、重力でガスを引き寄せながらどんどん熱くなっていき、巨大でひじょうに明るい星となる。

原始星は、太陽と同じぐらいの質量なら、半径は太陽の100倍、明るさは太陽の1000倍という目立つ星だ。

やがて中心部が摂氏1000万度を超えると、中心部で水素の核融合反応がはじまり、太陽のような一人前の星となるのである。

パンタグラフのない地下鉄は電力をどこからとる？

地下鉄の車両を見ると、一般的な電車の屋根についている菱形のパンタグラフ（集電装置）がついていないことがある。そうした車両はどこから電気を取り入れているのだろうか。

答えは、2本のレールの脇に設置されているもう1本のレールである。もう1本のレールを集電靴《しゅうでんか》という装置でこすりながら走ることにより、電気を確保しているのだ。

このシステムは、トンネルをつくる場合、パンタグラフを通す部分が不要になるため、トンネルの大きさを小さくでき、建設費を抑えられるというメリットにもつながっている。

当然、高圧の電気が流れているため、人間が触れると感電してしまう。事故で線路に出なければならないときや、誤って落ちてしまったときには注意が必要だ。

「ページビュー」は、「アクセス数」とはどう違う？

インターネットが普及し、ブログへの「アクセス数」を増やすことで広告収益を得る人が増えている。

このアクセス数という言葉、言葉どおりの意味ならそのページへアクセスした数ということになるが、混同されて使われる言葉に「ページビュー」というものがある。

アクセス数とページビューでは何が違うのだろうか。

ページビューとは、訪問者がWEBサイト上で開いたページの数を意味する。1人で5ページ閲覧したら、ページビューは5ということになる。

いっぽう、アクセス数は実際の訪問者の数を意味する。1人が10ページ見ても、そのアクセス数は1のままで、増えることはない。

このブログ広告などの世界では、ふたつの指標が混同されているケースが多い。

月はどうやって誕生した?

1969年7月20日、人類はついに月面へと降り立った。しかし、それから半世紀近く経《た》った現在でも月には謎が多い。最大の謎は、どのようにして月が誕生したのかということだ。

月の誕生については諸説唱えられているが、現在もっとも有力視されているのは「衝突説」である。

約45億年前、太陽系がまだできたばかりの頃の地球に隕石《いんせき》が衝突し、大量の破片が宇宙空間に散った。その破片が重力を振りきるわけでも地表に落ちてくるわけでもなく、地球のまわりを回るようになる。

やがて破片は徐々にくっつきはじめ、ひとつにまとまって月が完成した。これが衝突説である。

また、「進化論」で有名なチャールズ・

ダーウィンの弟ジョージが唱えた「太平洋起源説」もよく知られている。

できたばかりの地球はまだ柔らかく、自転周期がわずか5時間という猛スピードで回転していた。

そのため、地球の一部がちぎれて月となり、ちぎれた部分が、今日の太平洋になったというものだ。

ほかに、太陽系のどこかで生まれた小天体が地球のそばを通った際に引力にとらえられて衛星となったとする「捕獲説」や、地球と月はかつて同じ重心のまわりを回る連星だったが、地球が成長するにつれて月が地球の引力に取り込まれて、地球の衛星になったという「兄弟説」などもある。

南米のチョウに描かれた謎の数学とは?

南米に生息するウラモジタテハ(写真)なるチョウには、羽の裏面に謎の数字が描かれている。

日本で話題になった人面魚のように、たまたまそのように見えるというのではなく、たしかに数字としか読めない模様が描かれているのだ。しかも、チョウの種類によって描かれた数字も違うというのだから不思議である。

たとえば、クリメナ・ウラモジタテハの場合は88、セロビナ・ウラモジタテハは89、アカネ・ウズマキタテハは80といった具合。まるで識別番号のようである。

例によって「宇宙人が、なんらかの実

験や調査の識別のためにつけたものではないか」という噂が絶えない。

しかし、冷静に「チョウの遺伝子情報のなかに8を基本とするパターンがあり、それがある部分が消えることによって0や9に見えるのだろう」という説がある。

また、「遺伝子情報のなかに模様をつくるものがあり、それが表出したときに数字に見えるのだろう」と判断する学者もいる。

想像力たくましい宇宙人説は、話としてはおもしろいが、信憑性《しんぴょうせい》という部分でどうも分《ぶ》が悪い……。

1〜6等星は、どうやって決めている？

七夕に彦星と織姫が渡って再会するとされている天の川銀河系は、２０００億個もの星に形づくられている。

ただし、星の多くはそれほど明るくないため、肉眼で見えるのは８６００個ほどに限られている。

肉眼で見える星は、明るさごとに等級が決められている。紀元前１５０年頃、ギリシャの天文学者ヒッパルコスが星の明るさによってランクづけをした。肉眼で6段階に分けたのだ。もっとも明るい星が1等星、かろうじて見える星を6等星にしたのである。

なんとも適当な感じがするが、科学が発達していない頃の話なのでムリもない。

今日では精密に測れるようになり、基準がきちんとある。

1等星を1とすると、2等星は0・4、3等星は0・16、6等星は0・01の明るさとなる。1等星と比べると6等星は100分の1である。つまり、1等上がるごとに2・5倍ずつ明るくなるのだ。

現在では、暗い星には7等や8等、逆に明るい星にはマイナス等級もつけられている。

PM2・5は、なぜ中途半端な小数なのか？

最近の天気予報では「PM2・5」という言葉をよく聞くようになった。

「2・5」とはなんとも中途半端な数字である。なぜ2や3ではなく、2・5なのか。

この2・5とは、大気中に浮遊している2・5マイクロメートル以下の粒子を指している。

工場から排出される煤煙《ばいえん》、自動車の排気ガス、土壌や火山、黄砂《こうさ》などに由来するものなどいろいろだ。「PM」とは粒子状物質を指している。

成分としては炭素成分、硝酸塩、硫酸塩、アンモニウム塩、さらにケイ素、ナトリウム、アルミニウムなどが含まれる。

この2・5マイクロメートルは、髪の毛の太さの30分の1という小ささで、あまりに小さいため、肺のいちばん奥の肺胞と呼ばれる部分まで到達してしまう。

つまり、人体に影響を及ぼす粒子の大きさが、2・5マイクロメートル以下であり、ひとつの基準値として重要な数字というわけだ。

血液に入り込むと、喘息《ぜんそく》や気管支炎をはじめ狭心症や心筋梗塞《こうそく》、肺がんといった病の原因になる可能性がある。

中国では、経済が発展するにつれて大気汚染が深刻化。それにより、日本のPM2・5濃度が上昇しているといわれている。

空に氷の粒が輝く「ダイヤモンド・ダスト」の謎

雨や雪は、雲があるから降ってくる。そんなことは当たり前……と思ったら、雲のない青空から、氷の粒が落ちてくることがある。

これは「ダイヤモンド・ダスト」と呼ばれ、南極などでよく見られる。太陽の光が差しているだけに、空から降る氷の粒が輝いてじつに美しい。

それにしても、雲のない青空からどうして氷の粒が降ってくるのか。

じつは雲は存在している。ダイヤモンド・ダスト現象が見られる日には、約1000メートル上空で、冷気層の上に暖気層があるという逆転が起こっていて、暖気層のなかに水が飽和した層がある。これが氷の粒を降らせる源だ。

しかし、この飽和の層はひじょうに薄いので、地上からは雲がないように見えるのである。

南極といえば、いつも雪が降っている

ような印象がある。しかし、夏でもマイナス気温の世界。日本で見られるような大きな雪の結晶はできにくく、雪は積もりにくい。

あの広大な氷の大地は、大陸の上にダイヤモンド・ダストのようなこまかな氷の粒やこまかな雪が集まってできたものなのだ。

死んだ星を「超新星」と呼ぶ理由

「超新星」というと、新しく誕生した星のようなイメージがあるが、けっしてそうではない。

これは、寿命のつきた星が、「超新星爆発」と呼ばれる大爆発を起こしたものである。

超新星爆発は、観測によると、Ⅰ型とⅡ型の2種類のタイプがある。

Ⅰ型は、最大光度（天体の明るさ）が平均して太陽の23億倍にもなり、すぐ暗くなりはじめる。

Ⅱ型は、最大光度が平均して太陽の1・2億倍で、はじめは穏やかに減光し、80日ほどで急に減光する。

一般的な超新星はⅡ型。太陽質量の8倍以上の重い星の中心部が、重力収縮に耐えきれずに収縮し、ついに超新星爆発を起こすのだ。爆発のあとには、中性子星やブラックホールが残される。

こうして爆発した超新星は、そのまま消えるわけではない。星は爆発すると、やがて泡となり、ふたたび次世代に誕生する星の材料となる。

そういう意味では、星の爆発を超新星と呼ぶのも、あながち間違いではないかもしれない。星はこうして輪廻転生《りんねてんしょう》を繰り返していくわけだ。

暗くて見えなかった星が突然明るく輝いたので、むかしの人が新しい星が誕生したと勘違いして、「新」という言葉をつけて呼ぶようになっただけなのだ。

男はなぜ女よりも多く生まれるのか?

生物学的に、ヒトは男と女のふたつの性に分けられる。両者の違いを生むのは、人の染色体23ペアのうちの1対《つい》だ。その1対がXXなら女、XYなら男となる。

つまり、XとYのどちらになるかが性別を決定するわけだから、当然、どちらになる確率も半分ずつだろうと考えたくなる。

しかし、生命はそれほど単純ではない。先に染色体はペアだと述べたが、実際にはXXYといったような、3つの染色体がひと塊《かたまり》になってしまうこともある。

また、男になるための性質がなんらかの理由によって発揮されなかった場合、XYの染色体をもっているにもかかわらず、外見上は女性になることもある。

さらに、XXの染色体をもっていて本来は女性でも、なんらかの原因によってY染色体がXの染色体に替わり、外見は男性になることもある。

このように、生命の誕生は複雑で、科学的に解明できていない謎がある。

男女の誕生比率はかならず男のほうが

多いのも、そのひとつ。

男女が生まれる比率を調べてみると、どんな人種を調べても「男：女＝105：100」になる。

なぜ男のほうが多く生まれるのか。

イギリスの遺伝・統計学者フィッシャーは、男のほうが女よりも大人になる確率が低いため、その差を補おうとして、男が多く生まれるのではないか、という「自然淘汰《とうた》説」を発表している。

たしかに、人類の歴史を振り返っても、その大部分において、男の死亡率は、女の死亡率を上回ってきた。

だが、医療の進歩によって死亡率の差が縮んでいる現代でも、男女比は変化していない。「105：100」の意味は、「神のみぞ知る」といえよう。

「18年と11日」周期でナイル川が氾濫するワケ

古来、人々は宇宙の周期を崇拝し、生活を続けてきたが、いまからおよそ4500年以上前に栄華を極めた古代エジプトの人々も、宇宙に潜む周期に気づいていたといわれている。そのきっかけは、ナイル河の氾濫《はんらん》だった。

そもそもエジプトの繁栄は、ナイル河の氾濫によってもたらされたといっても過言ではない。河川が氾濫することによって、土地は養分をたっぷり含んだ肥沃《ひよく》な土地になった。

だがいっぽう、氾濫の時期がわからないため、エジプト人はつねに危険にさらされていた。

氾濫の時期を事前に知ることはできないものか……。研究を続けたエジプト人は、ついにある法則を発見する。

ナイル河は、日食と月食が起こる年の、シリウス星が出る季節、太陽が東の地平線に昇る直前に決まって氾濫した。その事実から、氾濫の周期が「18年と11日」になっていることを割り出したのだ。

エジプト人は、このナイル河の氾濫周期を「サロス周期」と呼んだ。

古代エジプト人が気づいた宇宙の周期は、サロス周期だけではない。1460年に1度、太陽ともっとも明るい恒星シリウスが同時に現われる「ソティス周期」も発見している。

古代エジプト人にとって、ナイル河の氾濫前に出現するシリウスは、太陽とともに重要な星であった。そんなシリウスに注目しているうちに、1460年に1度だけ、太陽とともに出現することを発見した。

地球上の出来事が、宇宙の周期によって引き起こされるなどというのはなんとも不気味である。

海水がアマゾン川をさかのぼる「ポロロッカ」の謎

月の引力が、アマゾン川を氾濫させるといったら驚くかもしれない。

しかしそれは実際に起こるのである。南米の大河アマゾンの河口では、なんと海の水が川をさかのぼるという現象が見られる。とくに満潮のときは強い勢いで海からの波が河口に押し寄せる。

押し寄せた波は、広い河口からだんだんとせばまる川幅によって高さを増し、さらに川から海へ注ぐ水の抵抗を受けることで高さ数メートルもの大波となり、岸辺の草木をなぎ倒しながら上流へと逆流していくのだ。

こうした海から川への逆流現象は「ポロロッカ」と呼ばれる。この現象はアマゾン以外にも、イギリスのテムズ川や中国の揚子江《ようすこう》など世界各地の大河の河口で見られる。

潮の満ち干はおもに月の引力によって起こるが、とくに太陽、月、地球が一直線上に並ぶ春分・秋分時、干潮と満潮の差が最大になると、ポロロッカのうねりも一段とすさまじくなる。

はるか上空に小さく見える太陽と月だが、ときに川の水を逆流させるほどの力を地球上に及ぼすのである。

市外電話がかならず「0」からはじまるワケ

電話を市外にかけるとき、かならず「0」から発信しなければならない。あまりにあたり前すぎて、ふだん気にもとめていないだろう。

そもそも電話は交換機を通じてつながるしくみになっており、0から9までの数字の組み合わせで各固定電話を1台ずつ識別している。

つまり、数字が送られるたびに選択肢が絞られていくのだ。

はじめの「0」は「国内プレフィックス」と呼ばれ、日本国内にかけるという合図。国内のどの都市につなぐかを交換機が判断するのは「0」の次からで、北海道を「1」として、南にいくほど大きな数字になる。

ただし、「0」ではなく「1」からはじまる例外もある。それは緊急用の番号や時刻、天気予報などだ。

消防は119、警察は110、天気は177などだ。これらは最初の「1」が特殊電話の合図になっているわけだ。

むかしの人が喜んだ「寒九の雨」とは？

むかしの農家の人は、「寒九《かんく》の雨」を喜んだものだ。

「寒九の雨」とは、寒に入ってから9日目の雨のことである。この雨が降れば、その年は天候が順調で、農作物が豊作になると喜んだのである。

冬の日本は、シベリア高気圧の影響で、北西の季節風が吹く。この風は日本海側に大雪を降らすが、その半面、太平洋側には乾燥した晴天をもたらす。

ところが、この冬型の気圧配置が長引くと、等圧線の間隔が開いて冬型が弱まり、低気圧が通りやすくなる。9日目ぐらいに、ちょうど雨が降ることが多いのである。

だから、太平洋側にとって、9日目ぐらいに雨が降るのは、標準的な冬の天候サイクルとなる。

このように冬の天気が順調な年は、異常気象も起こりにくく、作物が豊作になるというわけである。

オーロラの色は場所によって異なるって?!

高緯度地域で見られるオーロラは、緑、赤、紫など、さまざまな色に発光する。全体で1色にしか見えないこともあるし、色が違うこともある。

オーロラは、太陽風によって地球の大気に飛び込んできた高速の荷電粒子《かでんりゅうし》（プラズマ）が、大気中の原子や分子に衝突して発光したもの。

そしてそれら大気中の原子や分子には、発光するとき、それぞれスペクトルに特徴がある。

代表的なところでは、酸素原子が緑か赤、窒素分子が紫だ。

ふつうの極地方のオーロラによく見られるのが、酸素原子が発光する緑色で、とくに「オーロラ・グリーン」と呼ばれる。日本のような緯度の低いところでも、北海道ではかろうじてオーロラを見られる場合がある。現われるのは、大きな磁気嵐が起こったときであり、磁気嵐のときには、赤いオーロラが見えることが多い。

また、磁気嵐のときには、極地域で見るオーロラも、ふだんより光が明るい。

ちなみにオーロラの高さは、そのときにもよるが、高度90～300キロメートルぐらいにできる。

植物に仕組まれたフィボナッチ数列の謎

うろこ状に重なるパイナップルの葉

(鱗片《りんぺん》)は、ダイヤモンド型をしている。これをよく見ると、右または左回りに8列、反対回りに13列という一定の法則にしたがって並んでいることがわかる。

こうした並び方の法則は、ほかの植物にも見られる。ヒナギクの小さな花は右巻きに21本、左巻きに34本並び、ひまわりの種子は左巻きに34本、右巻きに55本並んでいる。

これらの数字を小さいほうから順に並べると「8、13、21、34、55」となり、「その前のふたつの数字を足した数になる(8+13=21、13+21=34という具合)」。これは「フィボナッチ数列」と呼ばれる法則だ。

フィボナッチとはイタリアの数学者で、ウサギの繁殖について考えていたときにこの法則に気づいた。

「ひとつがい」の親ウサギが「ひとつがい」の子ウサギを産むと、1か月後にその子ウサギが親ウサギになって子ウサギを産む。その1か月後には再び親ウサギが出産して「3つがい」になり、さらに1か月後には子世代のウサギも出産して「5つがい」になる。こうして「1、1、2、3、5、8、13……」という法則にたどりついた。

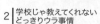

フィボナッチがこの数式を著書『算盤の書』で発表したのは1202年のこと。今日、あらゆる動植物がフィボナッチ数列を何らかの形でもっているということがわかっている。ただ、なぜ自然界にこの法則がしくまれているのかは謎である。

「美しい」と感じる1・618の比の不思議

美女の代名詞として知られる彫刻『ミロのヴィーナス』には、ある秘密が隠されている。それは「黄金比」と呼ばれるものだ。

像のへそから足元までの長さを1とした場合、身長は1・618になる。また、顔の幅を1とした場合、顔の長さは1・618となるのである。

不思議なことに、人はこの1対1・618という比率に対して、「美しい」と感じるらしい。

実際、カードを選ぶ実験でも、黄金比でつくられたものが選ばれやすいという。

黄金比に関する記述は、紀元前300年頃のギリシャの数学者ユークリッドの書物にはじめて登場する。

しかし、それよりはるかに古い紀元前2500年頃に建設されたと推測されるギザのピラミッドにも黄金比が見られる。

それだけではない。ギリシャ・アテネのパルテノン神殿やイタリア・フィレンツェの大聖堂にも黄金比が使われている。

絵画の分野でも黄金比の使用例は多い。たとえば、ダ・ビンチの『モナ・リザ』やデューラーの肖像画などに黄金比が出現する。

古今東西《ここんとうざい》、さまざまなところで使われてきた黄金比。人はこの比率を無意識に美しいと感じるようにつくられているのかもしれない。

超音波でなぜ胎児が見えるのか?

むかしは、おなかのなかの赤ちゃんは、生まれてくるまで見ることはできなかったが、いまでは「超音波診断法」で、モニター画面に映った胎児を見ることができる。

男の子か女の子か知ることもできれば、赤ちゃんになにか病気があったり、逆子《さかご》だったりしても、すぐにわかる。赤ちゃんが動いたり、あくびをしたりするようすも手にとるようにわかるのだ。

どうしておなかのなかの赤ちゃんを、外から見ることができるのだろうか。

これは「超音波診断法」の名前のとおり、超音波が利用されている。

超音波は、人間の耳に聞こえる音より高い音。人間の耳に聞こえる音が四方八方に拡散して伝わるのに対して、超音波は、光のように、ひとつの方向にしか進まないという性質をもっている。超音波診断で使われるのは、1秒間に100万～1000万回振動する超音波だ。

超音波は赤ちゃんに当たり、反射しておなかの外に出てくる。その反射してきた超音波を電気信号に変えることで、おなかのなかの赤ちゃんを見ることができるしくみである。

ヒトの赤ん坊はなぜ40週で生まれるのか？

いわゆる十月十日《とつきとうか》で人間の子どもは生まれてくるが、母親の胎内で過ごす時間がなぜこれだけ必要なのかは、まだはっきりとは解明されていない。

しかし、体の大きな動物ほど妊娠期間は長いという法則があり、哺乳類の場合は、ゾウで21か月、ブタで115日、ウサギで31日、ラットで20日である。

また、霊長類では、ゴリラが38週、チンパンジーが24週、体の小さなマーモセットが20週だ。

人間より体が大きなゴリラが、人間よりも妊娠期間が短いのは、進化の度合いによるものではないかと推測されている。

つまり、進化した人間のほうが体のメカニズムが複雑で、それだけ体ができあがるのに時間がかかるというわけだ。

ところで、シカやウマなどの赤ん坊が、生まれ落ちてすぐに歩き出すことはご存じだろう。

それだけ、成熟した赤ん坊が生まれてくるというわけだが、百獣の王であるライオンの場合は、生まれ落ちた時点では未熟で育児期間が長い。

この違いはなにを意味しているのか。

ライオンが襲う側とすると、シカやウマは襲われる側にあり、外敵から身を守るためには、生まれたばかりの赤ん坊でも、ある程度の能力を有していないと生きていけないからだといわれる。

土星の輪の正体とは？

望遠鏡で惑星を見たとき、とくにきれいでユニークなのが、大きな輪をもつ土星である。

輪は木星にも天王星にも海王星にもあるのだが、土星のように大きくはない。

土星を世界で最初に望遠鏡で見たのはガリレオ・ガリレイで、1610年に土星の両側にふたつのコブのようなものがあるのを発見。輪のようなものが取り巻いているか、ふたつの衛星がぴったりくっついているのではないかと考えた。これが、土星を取り巻く薄くて平らな輪であることを発見したのはオランダのホイヘンスで、1659年頃のことである。

では、この土星の輪はなにでできているのだろうか。

じつは土星の輪は、多少の岩や鉄の塵《ちり》が交じった粒子や塊が無数に集まった集合体である。あまりに遠くから見ているから、平らな輪に見えるにすぎない。

粒子や塊の大きさは、砂粒ぐらいのものから数メートルのものまであると考えられており、温度は摂氏マイナス200度ぐらい。それが秒速15～20キロメートルで土星のまわりを回っている。

輪の間に、「カッシニの間隙《かんげき》」と呼ばれる暗い部分があるのは、17世紀からわかっており、19世紀には、内側の輪の内側にもうひとつ輪があるのが見つかった。

さらに1980年とその翌年、ボイジャー探査機から送られてきた写真で、輪には細い間隙が1000本ほどもあることがわかっている。

1927年に発表された世界初のロボットとは？

からくり人形のようなものは別にして、はっきりロボットといえるものが世界ではじめてつくられたのは、1927年、アメリカでのことである。

アメリカのウェスティングハウスエレクトリック社の電話交換機部門の技師R・J・ウェンズレーが、「テレヴォックス（televox）」なるロボットを開発。これが、ニューヨークの世界博覧会に出品された。

テレヴォックスは、正式には「テレヴォーカル・システム（遠隔音声システム）」

という名称だったのだが、新聞記事で「テレヴォックス」と略されて紹介されたことから、こちらの名前で定着した。「テレ（tele）」は「遠隔」、「ヴォックス（vox）」はラテン語で「声」の意味である。その名のとおり、テレヴォックスは、音声で遠隔操作された。

テレヴォックスは、金属製の箱型ロボットで、大きなキャビネットの上に小さなキャビネットをのせた形のため、見ようによっては、胴の上に頭がのっているように見え、人間を思わせた。そのキャビネットのなかに、受信と送信の装置が内蔵されているのである。

現代の多くのロボットのように移動したりはできなかったが、電話を通じて、音声の命令に従って、電灯を点滅させたり、掃除機や扇風機を作動させたり止めたりできた。

開発の目的は、遠距離にある機械を低コストで管理するためだという。

世界初のロボットは、いたって実用的な目的でつくられたのだ。

彗星の長い尾はどうやってできる?

彗星《すいせい》の特徴といえば長く引いた尾である。ハレー彗星の1910年の接近のときには、尾の長さは、1億1000キロメートルに達したという。

この彗星の尾は、いったいどうやってできるのだろうか。もちろん宇宙空間だから、流れ星などと違って、空気の摩擦によるものではない。

じつは太陽の影響によるもので、その種類は2種類ある。

ひとつは、「ダストテール（塵の尾）」と呼ばれるもの。慧星は太陽に近づくにつれ、彗星の核のなかからさまざまなガスや塵が噴き出し、彗星の核、いわば頭にあたる「コマ」ができるが、このコマの塵は小さいため、太陽からの光の圧力を受けると、太陽と逆方向に飛ばされ、ゆるくカーブした幅の広い尾をつくるのだ。

もうひとつは、「プラズマテール（イオンの尾）」。コマ内のガスは、太陽からの紫外線などによってイオン化しているのだが、このイオンが、太陽風の磁場の影響で、太陽と逆方向に流され、細くて直線的な尾を引くのである。

ガソリン、灯油、軽油は、なにが違う？

現代社会に欠かせないエネルギーといえば、ガソリンをはじめ、灯油、軽油、重油など、「油」である。ガソリンは自動車などに使われ、灯油はストーブなどに使われる。軽油は大型自動車に、重油はタンカーなどに使われることが多い。

これらはみな原油からつくられている。精製する過程が違うだけである。では、これらはどのようにつくり分けられているのだろうか。

それぞれ構成する炭素数が異なり、その特徴を利用した方法がとられている。

ガソリンでは4～9個、灯油は8～16個、軽油は10～18個、重油は16～30個の炭素をもっている。この炭素数が多いほど沸点は高くなる。

ガソリンの沸点は摂氏30～180度、灯油の場合は160～230度、軽油は200～320度、重油は300～450度である。

この沸点の違いを利用するのだ。具体的には、沸点の低いものから順に分離していき、最後まで残ったものが重油になるというわけだ。

ちなみに、ストーブに軽油を入れると、不完全燃焼で煤《すす》や悪臭が発生するが、これも沸点の違いによる現象である。

③
にわかには信じられない 驚きの事実

南極では寒くても風邪をひかない理由

日本の南極観測隊が1957年の今日に昭和基地を開設して以来、国立極地研究所の隊員が南極で調査活動をおこなっている。

南極観測隊の隊員は、風邪をひく人は少ないという。

南極の平均気温は摂氏マイナス10度～マイナス20度。もっとも寒いときには、マイナス80度にまで達することもある。これだけ寒ければ、すぐに風邪をひきそうなものである。

しかし、極寒の環境のおかげでウイルスなどの病原体が、空気中で繁殖《はんしょく》できないのだ。

また、接する人が少ないため、感染の機会が少ないことも関係している。

ただし、昭和基地の内部に持ち込まれたウイルスがあれば、風邪をひかないわけではない。

サケは白身の魚ってどういうこと?!

9月頃になるとおいしそうなサケが食卓に並び出す。サケといえば、鮮やかな赤色の身が特徴。サーモンピンクとも称される。

しかしそんな見た目とは裏腹に、サケは分類上、なんと白身魚である。

とはいえ、スーパーや魚屋に並ぶサケはみな赤身で、白身のサケなど見たことがない。

白身のサケが赤いのは、海で食べるエサにある。サケは海でエビやオキアミなど、赤い色素をもつ生き物を食べる。すると色素がサケの筋肉に蓄積していき、もともと白身だったはずが赤くなっていくのだ。

事実、養殖のサケは白身のまま成長する。だが白いサケでは売れないので、養殖業者はエサにエビの殻などを混ぜてあえて身を赤くする工夫をしている。

コイの口には歯が見当たらない謎

コイは古くから日本人が親しんできた魚である。毎年、5月5日の「こどもの日」には、コイの滝登りにちなんで、子どもの立身出世を願う「こいのぼり」がそこかしこに揚げられる。

そんなコイの特徴のひとつに、口に歯がないことが挙げられる。

歯がない状態でどのようにモノを飲み込むのか不思議に思うが、そこには意外な秘密が隠されている。じつは、コイの歯は口ではなく、のどの奥にあるのだ。

しかも、その歯の力がすごい。コイといえば、池をのんびりと泳ぎながら口をパクパクさせる様子が目に浮かぶだろう。

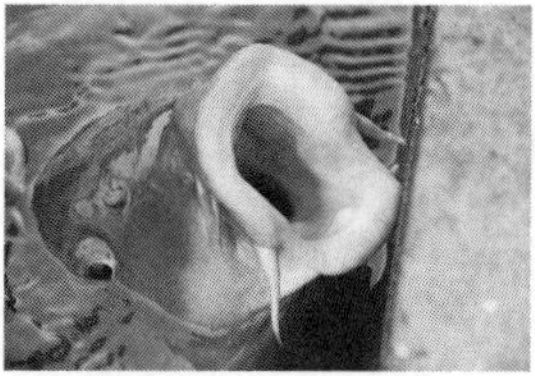

その姿からは想像もできないが、なんとコイの歯は10円玉をグニャリと曲げるほどの力をもっているのである。

フラミンゴの母乳は、なぜ真っ赤なのか？

フラミンゴはオレンジやピンクなど、赤みを帯びた鮮やかな色が特徴的だ。この名前はラテン語で炎を示す「フラムマ」が語源となっており、日本では「紅鶴《べにづる》」とも呼ばれる。

そんなフラミンゴに関して、驚くべき事実がある。フラミンゴは姿だけでなくなんとミルクまで赤いのだ。

「フラミンゴミルク」と呼ばれ、フラミンゴを飼育している動物園によると、血のように真っ赤で水のようにサラサラとしているという。

ミルクといえば白というイメージが強いが、なぜフラミンゴミルクは赤いのだろうか。

その理由はミルクがつくられるしくみにある。

フラミンゴはいうまでもなく鳥類。人間などの哺乳類《ほにゅうるい》は乳腺をもっているが、鳥類に乳腺《にゅうせん》はない。では、どこでフラミンゴミルクをつくっているかというと、のどにある素嚢《そのう》という袋である。素嚢のなかの内壁にある細胞が剝離《はくり》して分泌されるため、赤色をしているのだ。

母乳という意味でのミルクは、乳腺から分泌される液体のことを指す言葉なので、フラミンゴミルクは正確にはミルクではない。

母親が生まれて間もない子に与えるために出している液体ということで、ミルクと呼ばれているのである。

ネズミの精子の大きさはヒトの3倍以上あるって?!

動物の精子は、大きな動物ほど大きいだろうと考える人が多いかもしれない。だが、精子の大きさはその動物の体の大きさに比例しない。

体の大きなウシの精子は、たしかに人間の精子より大きい。しかし人間よりはるかに体の小さいウサギの精子は、人間の精子より大きいのだ。

ウサギよりもっとすごいのが、ネズミやハムスターの精子。

哺乳類のなかでもとくに小さな部類に入る小動物なのに、ネズミの精子はウシの精子の3倍近く、人間の精子の3倍以上もある。チャイニーズハムスターの精子に至っては、人間の精子の4倍ほどもあるのだ。

ネズミやハムスターの精子は、形も変わっている。

人間の精子はおたまじゃくしのような形で、頭部は丸いが、ネズミの精子の頭部は鎌《かま》のような形をしている。

精子の頭部には遺伝情報が詰まり、その下にミトコンドリア鞘があって、尾部を使ってメスの生殖器のなかを泳いでいく。この構造は哺乳動物に共通しているが、頭部の形や尾部の長さなどは、動物によってさまざまなのだ。

カメレオンが死んだら、体の色は何色になる?

カメレオンは周囲の環境に応じて体の

色を変化させる。それによって天敵から身を守ったり、餌を待ち伏せたりしている。

では、次々に色が変わるカメレオンが死んだときには、いったいどんな色になるのだろう。「本来の色」に戻るのだろうか。

カメレオンの基本色は黄色、緑、褐色《かっしょく》系統で、なんと本来の色というものがない。そのため、死体の色も死んだときの状況によって変わるのである。

樹の上で光に当たっている状態で死ねば明るい色に、光が少ない地面に落ちて死ねば暗い色になる。

外界の条件が等しければ、体調が悪いほど色がくすむ。ほとんどのカメレオンは死ぬときは衰弱《すいじゃく》しているため、くすんだ色をしているという。

タコの8本の足のうち、腕は何本ある？

タコは8本足とはだれもが知る常識だが、タコの足については奥深い事実が隠されている。じつは8本のうち、6本は足ではなく腕だというのだ。

ヨーロッパで水族館を経営するシーライフ・センターによると、後ろにある2本の触手は足の役割を果たしているが、前側にある3組6本の触手は、モノをつかむことができるため腕にあたるというのである。

つまり、この主張に従えば、タコは6本の腕をもち、2本足で歩く生き物ということになる。

サケとマスの違いは、呼び方の違いだけだって⁈

サケは食材として使い勝手のいい魚である。おにぎりの具や寿司ネタ、焼き魚、ちゃんちゃん焼きなど幅広く利用できる。しかし、こうした料理はサケ料理ではなく、マス料理というのが正解かもしれない。

マスといえば、ニジマスをはじめとする川魚が思い浮かぶだろうが、マスとサケの間に生物的な違いはない。

ニジマスもサクラマスも、じつはサケ属になるのだ。

かつては、サケ以外はすべてマスとして扱われていた。

しかし、高級感のある響きの「サケ」「サーモン」の名前で売り出したいがために、どれもこれもサケとして扱われるようになった。

そして現在ではサーモントラウトを使用していても、「鮭定食」として売り出されているのである。

同じ木からできる緑茶、ウーロン茶、紅茶の違いは？

お茶といえば、日本の緑茶のほかに中国のウーロン茶や西洋の紅茶など、多くの種類が思い浮かぶ。

それぞれ味や色、香りが異なるため、まったく別の原料を使っていると思い込んでいる人もいるかもしれないが、じつはどれも「チャノキ」という同種の植物が原料だ。

原料が同じなのに色や味が異なるのは、製造過程が違うからである。

紅茶は摘み取った茶葉を発酵させ、その後に乾燥させてつくる。この製造法どおり、発酵茶に分類される。

いっぽう、不発酵茶に分類される緑茶は、摘み取った茶葉を発酵させず、すぐに加熱して生成させる。

またウーロン茶では、発酵をある程度進めた段階で加熱する。半分だけ発酵を進めた半発酵茶である。

このように、お茶は製造法を変えるだけで、さまざまなバリエーションを生み出すことができるのだ。

タラバガニはカニではないって?!

冬はカニが恋しくなる季節である。タラバガニ、ズワイガニ、ケガニ、タカアシガニ……。どれも冬の味覚には欠かせない。

ところが、このカニのうちタラバガニだけカニでないことをご存じだろうか。

ズワイガニ、ケガニ、タカアシガニなどはクモガニ科に分類されるが、タラバガニはヤドカリ科に属している。つまり、タラバガニはヤド

カリの仲間なのだ。

ズワイガニが細長い脚をもっているのに対し、タラバガニは体全体がふっくらしていて身が多い。それもヤドカリの仲間だからだ。

脚の数もまた、タラバガニがカニの仲間でないことを特徴づけている。

ズワイガニ、ケガニ、タカアシガニなどの脚の数は10本だが、タラバガニは8本しかない。横移動だけでなく、縦移動が可能なところも違いを特徴づけている。

カレイとヒラメ、目の位置は生まれつき？

人気の寿司ネタのひとつ、エンガワ。これはヒラメやカレイの背びれのつけ根の部分である。

ヒラメ、カレイともに砂地の海底で暮らしており、その体の形は平べったい。つねに横倒し状態であり、目が体の片方に寄っている。

左側に寄っているのがヒラメで、右側に寄っているのがカレイだ。

しかし、じつはどちらも生まれたばかりの稚魚《ちぎょ》は、ふつうの魚のように左右一対の目をもっている。それが成魚になり海底生活に移る前くらいになると、だんだんと目だけが片方に寄っていくのだ。

つまり、生まれたあとに目だけが移動するのである。

イチゴの表面にあるツブツブの意外な正体

日本のイチゴの品質は、世界でも群を

抜いて高い。「あまおう」「とちおとめ」「紅ほっぺ」などさまざまな品種が生み出され、その数は３００種類以上に達するといわれる。

そのイチゴの実には種がない。では種はどこかと聞かれたとき、表面のツブツブの部分だとだれもが思うだろう。

しかし、じつは厳密には種ではない。これらのツブツブは「真果《しんか》」という果実に当たる。

果物には、めしべの根元にある子房《しぼう》がふくらんだ「真果」と、そのさらに根元にある花床が膨らんだだけで種がない「偽《ぎ》果《か》」がある。イチゴは赤い実が偽果で、表面のツブツブが真果である。

では、肝心の種はどこにあるのか。

それは真果の内部。つまり、ツブツブのさらに奥に小さな種が隠れているのだ。

地球上の大陸は、2億年後、どうなる?

地球上の大陸は動いている。大陸は地《ち》殻《かく》表面にあるプレートにのっており、年間1～10センチほど移動しているのだ。この考え方は、プレートテクトニクスとして知られている。

では、動き続けていると、やがてどうなるのだろうか。

遠い未来の話だが、2億～2億5000万年後、南北アメリカ大陸がアフリカ大陸に衝突する。いっぽう、アフリカ大陸はヨーロッパにくっついてしまう。

また、南極大陸とオーストラリア大陸は東アジアにくっつき、日本列島はユーラシア大陸の半島になる。

こうして大陸同士が次々とくっついていき、やがて世界中の大陸がひとつになるといわれている。

海の水は何年かけて地球を一周するのか？

日本は島国。四方を見渡せば、広大な海が広がっている。

その海の水は同じ海域に滞留《たいりゅう》しているわけではない。じつは長い時間をかけて地球を回っているのだ。

水には温度が低いと下へ向かって流れる性質がある。海水の場合、温度が奪われると塩分濃度が上がり重くなるため下に沈む。一気に沈み込む場所はグリーンランド沖だ。

そして、ゆっくりと時間をかけて世界を回り、熱帯や亜熱帯地域に差しかかると湧き上がってくる。その間、およそ2000年といわれている。

つまりいま、日本で見ることのできる海水は、2000年前は深海を流れていたということになるのである。

ミミズはバックできるか？

ミミズを紙の上にのせると、動くときにカサカサと音がする。なぜ、ジメジメと湿っているミミズからこんな音が出るのだろうか。

その理由は、ミミズの体に生えている剛毛《ごうもう》が紙と擦《す》れるからだ。

ミミズの移動は、体を伸ばしたり縮め

たり、ヘビのように体をくねらせる「ぜん動」運動でおこなっている。この際、短い剛毛がすべり止めの役割をして運動を助けているのである。

そして不幸にも、この剛毛のせいでミミズはバックができない。毛の流れが体の接触面に逆らい、毛が引っかかってしまうからだ。

そのため、ミミズは障害物にぶつかってもバックせず、遠回りしてでも前に進もうとするのである。

ノミのジャンプは人間でいえば何メートル？

人間は、たとえオリンピックの幅跳びの選手でも、身長の何十倍、何百倍もジャンプするのは不可能だ。

だが、昆虫のなかには、体の大きさや体重から比較すると、驚くほどの距離をジャンプするものがたくさんある。そのジャンプ力は、飛翔《ひしょう》筋《きん》と呼ばれる強い筋肉と外骨格構造によるものだ。

たとえば、トノサマバッタは75センチ、エンマコオロギは60センチもの距離をジャンプできる。

どちらも、小さな体からすればたいへんなジャンプ力だが、体との割合からして、もっとすごいのがノミだ。

ノミのジャンプできる距離は30センチほどだが、これはノミの全長の２００倍。もしも人間がノミと同じ割合でジャンプしようとすれば、３５０メートルもジャンプしなければならない。

ジャンプ力にかけては、おそらくノミ

がすべての動物のうちでチャンピオンといえるだろう。

タツノオトシゴの常識破りの出産とは？

赤ちゃんは当然メスから生まれてくるもの、というのが世間一般の常識だろう。

しかし、タツノオトシゴの赤ちゃんはオスのおなかから生まれてくる。

タツノオトシゴの場合、卵を産むのはメスだが、メスは卵をオスのおなかにある育児嚢《のう》に産みつける。そこでオスが精子を放出して受精させ、およそ数百個もの受精卵を、育児嚢のなかで抱えて過ごすのである。

出産前のオスのおなかはぷっくり膨らみ、まるで人間の妊婦のようになる。

そして卵が孵化《ふか》すると、腹部を岩などにこすりつけて外へ押し出して出産する。

このようにオスが頑張る一方、メスは卵を産みつけるとどこかへいってしまう。

「♂」「♀」の由来は〝性器のカタチ〟ではないって?!

男性を表わす「♂」と女性を表わす「♀」マーク。このふたつのマークを、男女それぞれの性器を抽象的に表わしたものと考えている人はいないだろうか。

じつは、このふたつのマークは性器と

は関係ない。起源は西洋占星術とギリシャ神話にある。

もともと「♂」は火星、「♀」は金星を表わすのに使われていた。

火星の英語名にもなっている「マルス」は、楯《たて》と槍《やり》を携えた戦いの神。そこで、マルスの象徴として楯と槍が図案化されて「♂」マークが生まれたのだ。

いっぽう、金星は美の女神ビーナスに由来している。「♀」は美の女神らしく、鏡を図案化したものである。

現在の男性、女性の意味では、スウェーデンの自然科学者リンネが18世紀に使ったのがはじまり。したり顔で性器の象徴だと語ると、恥をかいてしまうことになる。

メールアドレスで使う「@」は「at」と関係ないって?!

電子メールのアドレスでおなじみの「@」。この記号は前半の個人名ともいうべき部分と、後半のドメイン名を区切る役割をもっており、どのアドレスにもかならず入っている。

この「@」については、英語「at」を一文字にしたものだと思っている人がほとんどだろう。

「at」には場所、所属の意味があるから、そう考えてしまうのも当然といえば当然である。

だがじつは、「@」は「at」ではない。単価を表わすラテン語の単位なのである。

「@」は古代ギリシャやローマで使われ

ていた素焼きの壺「amphora（アンフォラ）」に由来し、かつては水やワイン、油などがこの単位で取引されていた。

では、なぜ「@」がメールアドレスの一部に使われるようになったのか。

あるとき、メールシステムの開発に携わっていた人物が、個人名とドメイン名を区分する必要性に気づいた。

だが、そこに数字やアルファベットを入れてしまうと、アドレスの一部のようになって区別しづらくなってしまう。

そこで、目をつけられたのが「@」だった。

「@」は英文タイプのキーにはかならずあるが、使用頻度はかなり低い。そのため、採用されることになったのである。

人類の花粉症はいつからあったのか？

統計によると、現代日本人の5分の1は花粉症だという。

花粉症はスギ花粉などの抗原が体内に入ったときに起こるアレルギー反応の一種。抗原に対して抗体がつくられ、抗体は免疫を担当する細胞に統合してヒスタミンやセロトニンなどの化学物質を放出する。

この化学物質が目や鼻の粘膜を刺激して、かゆみや鼻水を引き起こすのである。

花粉症は現代病のように思われているが、じつはそうともいえない。

古代ギリシャの医者ヒポクラテスが花粉症についての記述を残しており、その歴史は紀元前にまでさかのぼるのだ。

ヒポクラテスによると、花粉症は体質と季節と風が関係しているという。

さらに紀元前100年頃の古代中国でも花粉症に関する記録があり、春になると鼻水や鼻づまり、くしゃみなどの症状がよく出ると述べている。

花粉症は現代病ではなく、長い歴史をもっているのである。

サハラ砂漠より大きな砂漠が存在するって?!

世界最大の砂漠はどこか――。

この問いに対して、アフリカのサハラ砂漠と答える人も多いだろう。東西5600キロメートル、南北1700キロ、総面積約1000万平方キロに及ぶサハラ砂漠は、アメリカ合衆国にも匹敵するほどの広さを誇る。

だがじつは、世界にはサハラ砂漠よりも広い砂漠が存在する。

それは1400万平方キロの広さを誇る南極大陸だ。なぜ氷で覆われた南極が砂漠なのかと疑問に思うだろうが、砂漠の定義を知れば納得するだろう。

砂漠とは、年間降水量が250ミリを下回る地域と定義されている。南極の降水量はわずか50ミリ程度にすぎない。そのため、定義からすれば、砂漠に該当するのである。

もっともグルメな生き物がナマズである理由

秋になるとサンマやマツタケなど、お

いしい秋の味覚が店頭に並び始める。

こういった味覚を感じることができるのは、舌の表面の「味蕾《みらい》」内部に味細胞があるからだ。赤ちゃんは約1万個、成人は約7500個の味蕾をもっている。

味蕾の数を動物と比べると、猫や犬など肉食動物は少ないが、ウシやブタは1万個以上とヒトより多い。ウシは毒草を見分けるために、ブタは地面を掘って食べ物を探すために味蕾が発達したといわれる。

しかし、牛やブタをはるかに上回る味蕾をもっている生き物がいる。それはナマズだ。

ナマズは濁った水のなかでも餌を感知できるように、全身が約17万個もの味蕾で覆われている。

人間の皮膚がすべて味蕾に覆われていると想像すると、その桁違いのすごさがわかるというものだ。

単位の「馬力」はけっこういい加減？

手塚治虫原作のアニメ『鉄腕アトム』の主題歌で、アトムは10万馬力だと歌われている。

この馬力という言葉は、現在でも自動車の出力を表わすときなどに使われるが、「馬力」というのは、いったいどれほどのパワーを表わしているのだろうか。

馬力とは、文字どおり馬の力を基準に

つくられた単位のこと。1馬力は馬が75キログラムの重さのものを1秒間に1メートル動かす力を示している。

馬力は海外でも使われており、国によって、その基準はバラバラである。

仕事量を表わすワットに換算すると、イギリスの1馬力は745・7ワット、フランスは735・5ワットである。

日本はかつて750ワットだったが、1999年に新計量法でフランス式が採用されている。

霜降り牛肉は栄養過多で太らせたわけではない?!

最近では赤身肉の人気が高いが、おいしい牛肉の代名詞といえば、やはり霜降り牛肉だろう。

その名のとおり、霜降り牛肉にはまるで霜が降りたように白い脂肪が転々と混じっている。それがトロリと溶けて口のなかに旨味が広がる。

そんな霜降り牛肉について、肥満の牛の肉だと思い込んでいる人はいないだろうか。霜降りの牛肉＝肥満の牛というイメージはまったく違う。

霜降り牛肉になるかどうかは遺伝子に

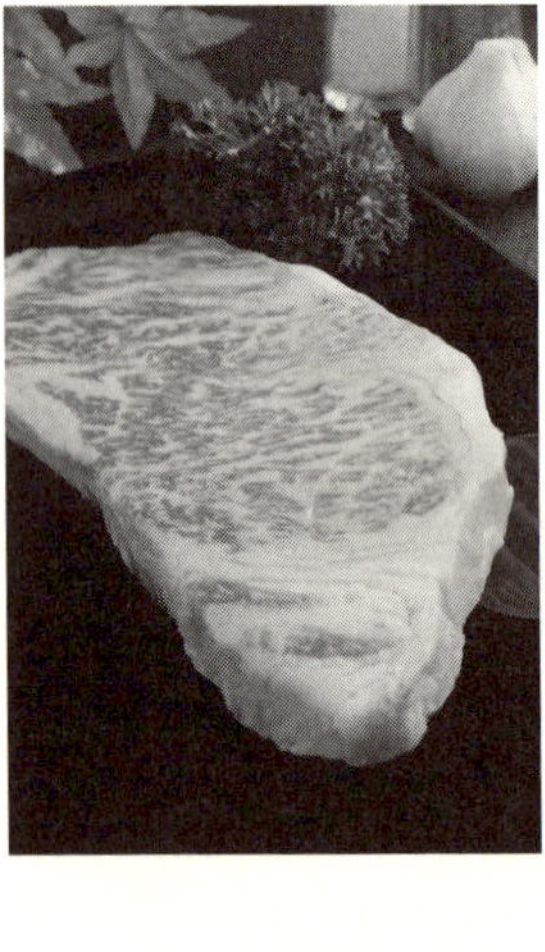

よって決まるのだ。

松阪《まつさか》牛や但馬《たじま》牛といったブランド牛が見事な霜降りになっているのは、そうした遺伝子をもつ牛を選んで掛けあわせ、品種改良した結果である。

霜降りになる遺伝子をもっていない牛は、ただ太らせても霜降りにはならない。栄養過多の牛が、霜降りになるわけではないのである。

体内の血管をつなげると、地球何周分になる？

血液の通り道である血管は、動脈と静脈、それらをつなぐ毛細血管の3種類に分かれている。これらが体中に張り巡らされている。

血管の総量は体重の約3パーセント、体重60キログラムのヒトの場合であれば、1・8キロになる。

体中に張り巡らされていることを考えると、意外に小さい感じがするが、すべてをつなげてみると、そのすごさがはっきりする。

ひとりの人間の血管をつなげた長さは、およそ10万キロメートル。なんと地球2周半に相当する。

これほどの長さの血管が体内に納まっているわけだから、人体はまさに小宇宙だといえるだろう。

ヒトの脳がもつ信じられない超能力とは？

譜面は読めないのにはじめて聴いた曲をすぐさまピアノで弾きこなす、本の内容を一瞬で記憶する、6桁の立方根を暗算する……。

サヴァン症候群と呼ばれる人たちは、こうした常人では考えられないような突出した能力をもっている。

映画『レインマン』でダスティン・ホフマンが演じたことで広く知られるようになった。また、モーツァルトやエジソンもこのタイプだったのではないかともいわれている。

なぜ、このような秀でた才能が現われるのかはいまでもはっきりしないが、サヴァン症候群の人は左脳の側頭葉部《そくとうよう》に損傷をもつケースが多く、それを補うべく右脳が際立って働くようになったという説がある。

右脳は「感覚の脳」と呼ばれ、視覚情報を把握して空間を認識したり、直感的な判断をしたりする能力を司っている。また、右脳は他者の表情を読み取るといった感覚的な分野も担っている。

これに対して左脳は「言語の脳」と呼ばれ、言語による判断や論理的な思考、時間の観念の理解などを司る。

そして右脳と左脳は、通常バランスをとって機能しており、大きさという点では左脳のほうがやや大きいのが一般的である。

だが、サヴァン症候群の人たちの多くは右脳のほうが大きい傾向にある。

解明にはまだまだ時間がかかりそうなサヴァン症候群だが、人間の脳の潜在力をわれわれに示している。

ヒトの歯が噛む力はどのくらいある？

重い荷物を持ち上げるときや野球でボールを打つ瞬間など、ヒトは大きな力を必要とするときに、しばしば歯を食いしばる。

そして、歯を食いしばったときの強大な力を受け止めるのが、歯茎《はぐき》に埋もれた歯根《しこん》である。

歯を食いしばるときに奥歯にかかる力は咬合力《こうごうりょく》と呼ばれる。

食べ物を噛みくだくときに使われるアゴの筋肉の力は、最大で120キログラムにもなる。食事をするたびにそれほどの力がかかっていては、歯がボロボロになってしまいそうだが、そこはうまくできている。

第一に、ヒトの歯はとても丈夫で、いちばん外側をおおうエナメル質は、人体最強の硬度をもつ。その硬さたるや水晶に匹敵する。

第二に、私たちがふだん食事で使っている力は、最大の3割程度に抑えられている。

こうした点から、毎日食事をしていても、歯がすり減ることはまずないのだ。歯のもつ硬度もさることながら、無駄な力を抑制し、日常に支障が出ないようコントロールしているのである。

ニセの薬が効いてしまう、不思議な心の作用とは？

幼少期、なにかの拍子にケガをして泣

いていると、母親が「痛くない痛くない」とおまじないのように囁《ささや》くことで、なぜか痛みが消えたという経験があるだろう。

もちろん、実際に痛みがなくなるわけではないが、痛みがひいた気がしたのは、「痛みが消えた」と思い込んだためである。

暗示をかけて痛みを消すなど、ほかの動物ではまずできないことである。しかし、ヒトはこのような能力ももち合わせている。

こうしたヒトの脳の暗示効果は、医療現場で広く認められている。

たとえば、患者に生理食塩水の点滴などの見せかけの薬（偽薬）を、効果的な薬だといって投与する。すると不思議なことに、患者は薬の効果を信じ込み、見事に回復する場合がある。この効果は「プラシーボ効果」と呼ばれる。

プラシーボ効果は、これからおこなわれる薬の投与、治療などが、自分の肉体や精神によい影響を与えると信じて、期待したときに表われる。

実際にプラシーボ効果が実証された実験がある。鎮痛作用があるモルヒネを打っている患者に黙って、生理食塩水に切り替えたところ、鎮痛作用がそのまま維持されたという。

つまり、生理食塩水という医学的になんの効果ももたない液体が、プラシーボ効果によって薬剤の役割を果たしたのである。

つまり人間は、「期待」するだけで、効く薬を生み出してしまうという驚異的な力をもっているともいえるのだ。

最高に視力の高い人は、どのくらい見える?

外国人が日本人の特徴を絵にすれば、かならず眼鏡が描かれるというほど、日本人は目が悪い人が多いといわれる。眼鏡をしていなくても、多くの人がコンタクトレンズを使用しているに違いない。

モノを見るしくみは、光が目に入ると、角膜がカメラのレンズの働きをし、ピントを合わせる水晶体が収縮する。そして網膜《もうまく》上に光を集めて焦点を合わせ、映像を映し出すようになっている。

近視は、網膜に光を集めることができず、網膜の手前に光が集まってしまう症状である。そのため、網膜に光が届くときに光が拡散してしまい、ピントが合わなくなるのである。

目が悪い人のなかには0・1を切る人もいる。

では目がいい人とは、いったいどれくらい見えるのだろうか。

一般的な視力検査表では、いちばん下の最小の文字が読めると2・0とされている。

ところが、世界には2・0などはるかに超えて優れた視力をもつ人々がたくさんいる。

台湾の高砂族は2・0などふつうで、3・0も少なくない。イヌイット（北米先住民）やモンゴルの遊牧民族は、検査表の最小文字を10メートル以上離れたところからでも判別でき、4・0〜5・0

程度の視力をもつ。

もっと驚異的な視力をもつのはマサイ族などのアフリカの民族で、なかには8・0を記録した人もいる。これはいわば、20メートル先から、単行本の文字が読めてしまうという恐るべき目のよさである。

ヒトの血液は、46億年前の海水と同じってどういうこと?!

地球はいまから46億年ほど前に誕生した。生まれたての地球で海が形成されだした頃、はじめにアミノ酸が生成され、そのアミノ酸が結合し、生命の材料となるタンパク質に化学変化した。

それから、約20億年前に、海中で単細胞である微小な生命が誕生して以降、長い年月をかけて単細胞生物から多細胞生物に進化したのだ。

植物が誕生し、海中や大気中に酸素が増え、10億年前になると最初の動物が誕生する。

その後、哺乳類が登場し、私たちヒトが誕生した。

現在、動物界の頂点に君臨するともいわれるヒトは、最初の生物誕生から進化の過程で姿形を驚くほど変化させたが、ただひとつ、ほぼ変わることなく受け継いできたものがある。

それが血液である。血液中に含まれるナトリウム、カリウム、マグネシウムなどの液体成分比は、古代の海水とそっくりだといわれている。

驚くことに、ヒトはその体内に46億年

前の海を、変わらず持ち続けているのである。

ヒトは1日に、何回まばたきをしている?

私たちはふだん、無意識のうちにまばたきをしている。大半の人はまばたきをする理由や、回数などを気に留めたこともないだろう。

しかし、ヒトにとってまばたきもまた、なくてはならない重要な役割がある。

じつは、まばたきには3種類がある。自然まばたき、随意《ずいい》まばたき、反射まばたきの3種で、ふだん無意識におこなっているまばたきが自然瞬目である。

随意瞬目は意識的におこなうまばたきで、ウインクなどがこれにあたる。反射瞬目は、眼球に刺激があった際の防御作用だ。

こうしておこなわれるまばたきは、平均して1分間に約20回、3秒に1回のペースで繰り返され、1日の総数は約1万9200回にもなる。

そんなまばたきの役割は、目の表面の乾燥を防ぎ潤滑にすること、涙腺から涙を流させること、風や光、異物など目の表面に刺激があった場合の防御作用などが挙げられる。

まばたきするときの眼瞼《がんけん》(脇とその周囲)は、涙を押し出したり、吸引する役割をもっており、もしまばたきがなければ、涙を分泌できても、目の表面にいきわたらせることができず、すぐに乾燥してしまう。

まばたきは無意識に繰り返され、私たちの目を守ってくれているのだ。

クジラはなぜ3000個もの腎臓をもっている?

ヒトはふたつの腎臓をもっている。腎臓は血液のなかの余分な塩分や水分、老廃物を濾過《ろか》して取り除く。つまり、血液をクリーニングするのが腎臓の役目だ。

腎臓の1日の濾過量は約180リットル。そのうちの約1パーセントにあたる1・5リットル程度がオシッコとして排出されて、残りは再利用されている。

同じ哺乳類でも腎臓の数はそれぞれ違う。たとえば、クジラは3000個もの腎臓をもっているのだ。

海で暮らすクジラの体内には、つねに大量の塩分を含んだ海水が入っている。

そのため、腎臓の容量が小さすぎると、海水を濾過することができず、塩分過多になってしまうので、3000個もの腎臓を使って、余分な塩分をせっせと濾《こ》しているというわけだ。

日本のホタルは西と東で光り方が違うって?!

青白く光るホタルの光は、じつに幻想的で美しい。このホタルの光、あまり知られていないが、西日本と東日本では光る間隔に違いがある。

ゲンジボタルの場合、西日本では2秒に1度光る。それに対し、東日本では4秒に1度しか光らないのである。

ホタルの光はホタルどうしの会話なの

で、地域によって違うのは方言のようなものとされる。

とすれば、西日本のホタルは早口ということだろうか。

ヒトは7つ以上の味を感じることはできない?

アメリカの心理学者G・ミラーによると、味・色・音について、人は「7つ」を超える感覚刺激を一度に区別することはできないという。言い換えれば、感覚の差異を確実に把握できるのは、最大で7つまでというわけだ。

味覚を考えてみると、たしかに「七味トウガラシ」や「九味トウガラシ」はあるが、「八味トウガラシ」はない。

当たり前のように思えるかもしれないが、こうした事実もミラー氏の理論を裏づけるひとつといえるだろう。

視覚と聴覚についても同じことがいえる。「七色の虹」というように、世界的に見ても、もっとも数の多いのは7色である(国によって6色、5色と異なる)。

また、メロディーの基調となる音をド・レ・ミ・ファ・ソ・ラ・シと「7音」に分けるのがふつうである。

こうして見てみると、人の感覚認知能力は7つが限度というミラーの理論は、納得いくのではないだろうか。

トンビが油揚げをさらう速度はどのくらい?

「トンビ(トビ)に油揚げをさらわれる」という言い回しがある。いきなり横からさっとかすめとられたが、予期せぬことだったために、なにも対抗手段をとれずに、ただ呆然としてしまったというようなニュアンスで使われる。

それほど、突然だったという比喩《ひゆ》であるが、たしかにトンビの行動はこれに近いものがある。

空高くゆったりと飛んでいるさまはのんびりした感じを与えるし、鳴き声もピーヒョロロロといったのどかなものだ。

しかしひとたび獲物を見つけると、急降下して鋭い爪でつかみ、樹の上などに運んで、鋭いくちばしでさいて食べてしまう。

このトンビが獲物を捕らえるときの急降下速度は、どのくらいなのだろうか。

残念ながらトンビの速さは正確なところはわかっていない。しかし、同じ猛禽《もうきん》類のハヤブサの速度からある程度推測できる。

ハヤブサが獲物を捕らえるために急降下するスピードは時速180キロメートル。一説には250〜340キロを記録したという報告もある。
こうしたハヤブサの速さからトンビの急降下速度を類推すると、たしかにハヤ

ブサには劣るものの、時速100キロくらいは出ていると推測できるという。

こんな速さで油揚げをさらわれたら、もはや呆然とするしかない。

蚊が血を吸うのにかける時間は？

自分の血液を吸われたあと、まんまと逃げおおせた蚊を見ると悔しいものだが、なぜ人間は、血を吸っている蚊に気づきにくいのだろうか。

それは、蚊があっという間に血を吸って、さっさと飛び立ってしまうからだろうと思えるが、意外にも蚊の吸血時間は長い。

西日本に多く生息しているヒトスジシマカの吸血時間は5分以内で、長いと10分かかるものもいる。

蚊の吸血行動に人間が気づきにくいのは、蚊が吸血するときに唾液《だえき》を送り込むからである。

この唾液には麻酔作用のある物質が含まれていて、あたかも、部分麻酔にかかったようになり、気づきにくくなるからである。

飛脚は江戸と大坂を何時間で結んだ？

江戸時代、手紙は飛脚《ひきゃく》が運んでいた。一般に飛脚は、荷物を担いだ状態で1時間に平均2里8町（約9キロメートル）を走ったといわれる。

なかでも速かったのは、幕府公用の「継飛脚《つぎびきゃく》」だ。継飛脚は、江戸と大坂の間を約60時間で走ったといわれる。江戸～大坂間の距離は137里4町とされており、これをキロに直すと538・5キロとなる。

この距離をなんとたったの2日半で飛脚は駆け抜けたことになる。

ずっと平坦な土地ならともかく、途中に箱根の山のような難所もあるのに、この短時間で結んだというのだから、もはやアスリート選手級である。

時代が下って1871年に郵便制度が発足すると、当時はまだ鉄道も車もなかったので、郵便は「飛行人足」と名を変えた飛脚たちが走って運んだ。

郵便の父といわれる前島密《まえじまひそか》が、自ら東海道を往復して所要時間を計算し、5尺（約150センチ）の棒の両端に五貫目（約20キログラム）の郵便物を縛りつけ、それを担いで東京～大阪間を78時間で運ぶのを標準とした。

継飛脚より時間はかかっているが、20キロもの荷物を担いで走ることを思えば、遅くなったとはいいえないだろう。

江戸時代に人と人とのネットワークを支えた飛脚たちは驚くほど健脚で、強力な長距離ランナーだったのだ。

驚いてから心臓がドキドキするまでにかかる時間は？

急にビックリしたとき、人は「心臓が飛び出すかと思った」などという表現をする。その言葉に匹敵するぐらい、心臓がドキドキして、脈がものすごく速くなったりしてしまうものだ。

でも、ビックリした瞬間のことを、よく思い出してほしい。ビックリしてから心臓がドキドキしたり脈が速くなったりするまでに、ちょっとの間があることに気がつくだろう。

じつは、人間がビックリしてからドキドキしはじめるまでには、時間がかかるものなのだ。その時間は、約10秒程度。

人間がビックリすると、ビックリしたという刺激が脳から副腎《ふくじん》に伝えられる。すると、そこからアドレナリンが内分泌される。このアドレナリンが血管を通って全身に運ばれると、血管が開いたり脈が速くなったりする。

これだけのプロセスに、人体は約10秒という時間を、どうしても必要としているのである。

血液が体内を一巡するのにかかる時間は？

心臓から送り出された血液は、動脈を通って体のすみずみに、酸素をはじめとする必要物質を送り、そこでできた老廃物質を静脈経由で心臓に持ち帰ってくる。

この血液の一巡には、いったいどれくらいの時間がかかるのだろう。

もちろん、血管は体のすべての部分を通っていて、頭をめぐるもの、手を通るもの、足の先までいくものなど、さまざまあるから、血液がひとめぐりする時間は、ルートによって違う。

ただ、平均すると、わずか1分程度で体を一巡している。驚くほど速いのだ。最短コースをとった場合など、心臓を出て二十数秒でまた心臓に戻ってくる。

　こんなに短い時間に一巡してしまうくらい、血液は速いスピードで流れているのだ。とくに血流の速い動脈になると、相当な猛スピードになる。

　心臓が1分間に何十回も、忙しく脈打たなければならないのも、そんな理由があるからである。

なぜ鼻の穴は1つではなく2つなのか？

　毎年春先になると、スギ花粉が飛びはじめる。花粉症の人にとっては苦しい季節である。

　ただし、花粉症になってはじめてありがたさに気づく器官がある。それは鼻のふたつの穴だ。

　じつは、人間の鼻は1～2時間おきに使う穴が交替する。鼻の穴はそれぞれ左右の肺と連携しているため、片方ばかり使っていると連携している側の肺がうまく機能しなくなる。

　そこで体が限界になる前に、つねにどちらか片方の穴をふさぎ、休んでいるのだ。

　この機能のおかげで、花粉症や風邪になったとしても、穴が両方同時に詰まることなく、呼吸を続けられるのである。

気象ではない火山情報を「気象庁」が発信するワケ

　気象庁とはその名のとおり、気象関連の監視や天気予報などの情報提供をおこなう機関。にもかかわらず、火山の情報を発信していることに疑問をもつ人もいるだろう。

じつは、日本の気象庁は「気象」だけでなく、地震や火山などの「地象」、海や川などの「水象」も扱っている。

そのため、毎日の天気予報や気象情報に加え、火山の噴火情報や噴火予報、地震、エルニーニョ現象による海水温度の上昇、津波など、さまざまな自然現象の情報提供をおこなっているのである。

世界的に見ると、気象・地象・水象はそれぞれ別の機関によって扱われることが多く、日本の気象庁のように一元管理しているケースは珍しい。

ただ近年では、気象・地象・水象の3つは互いに関連し合うと考えられるようになっているので、その意味では理にかなった組織だといえるだろう。

気象庁は1872年、北海道・函館《はこだて》に開設された気候測量所にはじまる。1875年には東京気象台が気象業務を開始し、1887年に中央気象台と改称、そして太平洋戦争後の1956年に気象庁となった。

気象庁が火山観測を担当するようになったのは、1881年にさかのぼる。

この年、東京気象台は全国の郡役所に向けて、地震・噴火などの異常気象があった場合は、状況報告をするように通達した。これをきっかけに、火山観測を国家事業としておこなうことになったのである。

1911年には、長野測候所《そっこうじょ》と協力して浅間《あさま》山の西側山麓《さんろく》に日本最初の火山観測所を設置。

その後、全国の主要な火山の最寄りの気象官署に測候所が設けられ、火山業務は全国規模になっていった。

火山国・日本において、気象庁の役割はきわめて大きい。長年培《つちか》ってきた経験を活かし、国民を守る砦《とりで》となることが期待されている。

ヒトの脳の記憶力は、ノートパソコン何台分か？

朝、目覚めてから、夜ベッドに入るまで、毎日多くの出来事を記憶していく人間の脳。不要な記憶は短期間で忘れていくとはいえ、その容量はパソコンに置き換えるとどれぐらいのものなのか。

この疑問を解消したのが、一生に経験するすべてのことを記憶すると仮定した世界初のコンピュータの発明者フォン・ノイマンだ。

なんと人生のすべてを記憶すると、500ギガのハードディスク2000万台分にも及ぶというのである。

とはいえ脳は不要な記憶を捨てるため、実際の容量はもっと少ないはず。

そこである学者は、脳の容量を約116万ギガ程度と試算している。

先ほどと同じく換算すると約2400台分だ。

それでも桁が大きいためイメージしにくいが、だいたい大型図書館の所蔵本をすべて収録したとしても、まだまだ余裕があるというくらいの情報量である。

さらに驚くべきことに、世の中には自

分が経験したエピソードを、８歳から40歳台半ばまでの今日に至るまですべて記憶している女性が存在している。

彼女は自分の生活の一部始終をビデオカメラで撮影したように正確に覚えているといい、他者が特定の日の記憶を問うと、それが何年前であろうと、瞬時にリアルに再現されるというのである。

これは「超記憶症候群」と名づけられている。忘れることがないというとすばらしい能力のように思えるが、現実的には、過去の事実や感情に振り回され、日常生活を営むことに支障をきたすという。

人間は、記憶力と忘れるという能力を同時に持ち合わせているからこそ、日々暮らしていけるのだ。

ミシンは夢をヒントにして発明されたって?!

アメリカの発明家・シンガーによるミシンの発明は、夢がヒントとなったことで有名だ。

シンガーは、人間の手で縫わなくてもいい縫い物用の機械をつくりたいと考えていたのだが、なかなかうまくいかなかった。

針に糸を通し、それを機械によって連続的に動かすというところまで、考えはまとまっていた。

だが、どうすればうまく縫えるような針を連続的に動かすことができるのか、名案が浮かばなかったのだ。

そんなあるとき、シンガーは、奇妙な

剣をもった騎士たちの夢を見た。騎士たちの剣は、なぜか、先端に穴が開いていたのだ。

この夢には異説もあって、南海の孤島で先住民に襲われ、槍を投げつけられる夢を見たのだが、その先端に穴があいていたのだともいわれている。

夢の詳細は、伝わっていくうちにいろいろな話ができてしまったようなのだが、ともあれ、シンガーが、先端に穴のあいた剣か槍の夢を見たのは確からしい。

目覚めたシンガーは、その夢を思い出して、機械の針の穴は、手縫い針のような根元ではなく、先端につければいいとひらめいたという。根元に穴をあけて糸を通せば、針の根元が布を貫くところまで連続的に針を往復させなければならないが、穴が先端にあれば、もっと小刻みに動かすだけでいい。

シンガーは、それまで糸は針の根元の穴に通すものという固定観念にしばられていたのだが、縫い物をする機械について考えに考えているうちに、穴を先端につけるという発想にたどりついたのだ。

④

常識がひっくり返るまさかの発見

花粉から芽が出るヘンな植物とは？

ミツバチなどがせっせと集める花粉は、子孫を増やすためには不可欠な要素である。

ただ、花粉は種子ではないから、そこから芽が出て成長するのはあり得そうにない話である。

ところが、花粉から育つ植物があることがわかっている。

最初に発見されたのは、1960年代のこと。インドのデリー大学の研究者が、チョウセンアサガオの雄しべの先についている葯《やく》（花粉が入った袋）を試験管で培養していたところ、そこから芽が出て、茎や根が伸びはじめたのである。

染色体数を調べてみると、チョウセンアサガオの半分の12本。葯のなかに入っていた花粉の精細胞が分裂したことで生まれた、新しい植物であることを示していた。

この発見は、1964年、イギリスの『ネイチャー』誌に発表されて世界じゅうの研究者を驚かせた。

さらに、1968年には、日本のふたつの研究グループが、イネとタバコの花粉から、染色体が半分しかない植物をそれぞれ培養することに成功している。

その後、花粉だけから子孫をつくることに成功した植物は、小麦、大麦、ガーベラなど、現在ではじつに200種以上にのぼる。

しかも近年では、培養の途中でコルヒ

チン（染色体倍加剤）を使って、親と同じ染色体数の植物をつくることにも成功。染色体が半分の子どもだけではなく、まったくふつうの子どもを、花粉だけでつくれるようになっている。

ダイヤモンドは、かつて生き物だった?!

鮮やかに輝くダイヤモンドは、宝石のなかでも最高の価値をもつとされるが、その起源はきわめて古い。

ダイヤモンドは、地球の深部で生まれたといわれる。なかには40億年以上前のものといわれる結晶も存在する。そこで、問題になるのがダイヤモンドをつくっている炭素が、いったいどこからもたらされたのかということ。

地殻《ちかく》のプレート運動と大きく結びついていることはわかっている。

かつての地球では海底にある玄武岩《げんぶがん》が、プレート運動によって、地下深く沈み込むことがたびたびあった。その際、海底で玄武岩の上に堆積《たいせき》した物質も一緒に引きずり込まれることになる。

そのなかには当然、有機物からできた炭素も含まれていたと思われる。そうした有機物起源の炭素を含んだ物質が、地球深部の高温・高圧の環境で、ダイヤモンドとなったのだ。

つまり、ダイヤモンドは、かつて太古の海で暮らしていた微生物の死骸《しがい》から生まれた可能性があるというわけだ。

この説の基本的なアイデアは、イギリスのブリストール大学のチャールズ・フランク卿《きょう》が１９６６年の国際ダイヤモンド会議で発表した。

その話に興味をもった学者が研究を続けた結果、やがてひとつの学説として確立した。

ただし、これを否定する研究者もいて、その真偽に決着はついていない。

自由に性転換する魚とは？

魚のなかには卵巣《らんそう》と精巣《せいそう》の両方をもち、自由に性転換するものがいる。

ハゼ類、ハナダイ類など、約３００種類の魚がそのような特性をもっているといわれる。

たとえば、クロダイ（写真）は幼魚期にはすべて雄《おす》だが、卵をたくさん産める

大きさに成長すると、雌《めす》へと性転換する。

ベラ科のキュウセンは小さいときは雌として卵を産み、成長すると雄になって、多くの雌を従えてハーレムをつくる。

性転換をする魚の体内ではどのようなことが起こっているのだろうか。

最新の研究によると、性ホルモンが体の変化を起こしているらしい。

雌は卵形成に必要なエストロゲンという雌性ホルモンをつくるアロマターゼという酵素の活性が強い。

ところが、性転換が起こる状況におか

れると、アロマターゼが急激に抑制され、エストロゲンが減少、卵は消失し、卵巣がしぼむように小さくなっていく。

そして雄性ホルモンであるアンドロゲンの働きが強まり、精巣ができるというしくみだ。

いっぽう、雄から雌に性転換する場合は、アンドロゲンが減少して精巣が縮み、エストロゲンが増加して卵巣ができると考えられている。

環境に応じて性転換する魚たちは、まさに生命の神秘である。

古代のサケは川から海へはいかなかった?!

サケは川で生まれてやがて海へいき、成長して産卵のために再び川を上ってくる。だが、サケの祖先も同じだったかというと、どうもそうではないらしい。もとは生涯を川だけで過ごしていた可能性が高いのだ。

サケ科の魚は、イワナのように渓流に棲む魚として誕生したと考えられる。古いサケ科の化石のほとんどが、海成層ではなく湖成層から見つかっていることも、こうした考え方を裏づけている。

現在、北極圏に生き残っているブラキミスタックスという、イワナのような魚は、1年の大部分を渓流で過ごし、短い夏の間だけ平原の湖で生活する。

サケはこれらの一族とされるが、彼らの祖先は淡水《たんすい》での生活を基本としながら海水に進出したらしい。

サケ科の魚は、どんなに回遊性が高い

種でも、例外なく淡水域で産卵をおこなう。繁殖する場所をその生物本来の生息場所だとすれば、淡水域で誕生したサケ科の魚が、やがて進化とともに少しずつ海水域に進出していったと考えてもおかしくない。

その進化の原因は、おそらく海洋の餌の豊富さにある。サケ科の魚は冷水性魚類だが、寒帯の淡水域は水温が低くて栄養に乏しい。

それに対し、海洋の寒流域では、餌となる甲殻類《こうかくるい》やイカ、小魚なども豊富にあったと思われる。

サケはこうした環境にあわせて進化を続け、現在のような行動をとるようになったと考えられる。

写真撮影ができるスマートコンタクトレンズとは?

眼鏡を必要としないコンタクトレンズは、世紀の発明といっていい。

そのコンタクトレンズが今後さらに重要なものになるかもしれない。バイオセンサーや望遠機能、写真撮影機能がついたスマートコンタクトレンズが開発されているからだ。

スマートコンタクトレンズとは、従来のコンタクトレンズにＡＩ機能をつけたものだ。

具体的には、コンタクトレンズをつけているだけで健康管理ができたり、視覚障害が改善したりするだけでなく、視野に映像を映し出したり、まばたきするだけで写真撮影ができるようになる。

現在は、各メーカーが実用化競争の真っ最中。人類は新たなSFの時代に突入しそうだ。

花粉症に効くお米があるって?!

春が近づきだんだんと暖かくなるにつれて、花粉症が深刻になる。

花粉症はスギ花粉などが原因となるアレルギー症状で、日本人の3割は発症しているとされる国民病である。

そんな花粉症に悩まされている人に朗報がある。

なんと、食べるだけで花粉症を治すお米が開発されようとしているのだ。その名はスギ花粉症緩和《かんわ》米という。

スギ花粉症緩和米は、花粉症の原因物質の一部を胚乳《はいにゅう》に組み込んだもので、食べ続けることにより原因物質に体が慣れて（抵抗力がついて）発症しなくなる。

米に含まれるペプチドと呼ばれるタンパク質は胃で溶けない。そのため原因物質を直接腸へ届けられるというわけだ。

同じ原理による花粉症の代表的な治療法「舌下《ぜっか》免疫療法」の1万倍も効率よく原因物質を摂取することができるとされ、これからの治療法のひとつとして期待されている。

海がなくてもマグロやフグを養殖できるか？

寿司屋で食べる脂ののった中トロ、大トロに目がないという人も多いだろう。

トロがとれるマグロは、大海原《おおうなばら》を回遊する魚であり、獲るためには外洋へ出なければならない。

だが近年、マグロは海から離れた山のなかでも養殖されている。

海水のない環境でどうやってマグロを育てるのか。

マグロを育てているのは、好適環境水という特殊な水を用いたプールである。この水は、海水のうち魚の浸透圧調整にかかわるナトリウム、カリウム、カルシウムだけを残し、ほかの成分を抜いたほぼ淡水の飼育水。だからマグロだけでなく、同じ水でコイや金魚などの淡水魚も育てることができる。

この技術が実用化すれば、農業で作物を収穫するように、生産量をコントロールできるようになる。もはや海に出て漁をするという時代ではなくなるかもしれない。

じつは日本は、世界屈指の金資源国だって?!

不景気になると金の価格が上がるとされる。金の貴重性、希少性は普遍的なものであり、その価値が急落する可能性はきわめて低いからだ。

では、金はいったいどれくらいレアなものなのか。

これまで全世界で採掘された金の総量は約17万トン、残された埋蔵量は約5万トンといわれ、すべての金の総量は22万トンくらいしかない。これは競技用プール5杯分にも満たない量だ。

そうしたなか、新たな金の埋蔵国《まいぞう》として注目を集めているのが日本だ。

物質・材料研究機構の発表によると、日本の都市鉱山（ごみとして廃棄された家電製品のなかに含まれる金属を資源として見立てたもの）には、金が6800トンも眠っているといわれている。

6800トンといわれてもピンとこないだろうが、世界一の埋蔵量を誇るオーストラリアと比べるといかにスゴいかはっきりする。

オーストラリアの金埋蔵量は推定7300トン。これとほぼ同じ埋蔵量が、日本の都市鉱山に眠っている可能性があるのだ。

今後、都市鉱山からの採掘技術が進歩すれば、日本は一躍金資源大国になるかもしれない。

かつて問題になったオゾンホールはどうなった？

1980年代から90年代にかけて大きな環境問題になったのが、オゾン層にあいた穴、いわゆるオゾンホールの拡大だ。

成層圏にあるオゾン層は、太陽からの有害な紫外線を吸収する。そのオゾン層がフロンなどによって破壊されると、穴（オゾンホール）があいた状態になる。

オゾンホールが広がると、皮膚がんなどを引き起こす有害な紫外線が増加するといわれ、多くの人々を心配させたが、最近ではその話題をあまり耳にしなくなった。

このオゾンホールは、その後どうなっ

たのだろうか。

じつは、オゾンホールは次第に縮小していると考えられている。２０１７年、南極のオゾンホールを観測したところ、１９８８年以来最小になっていることが確認されている。

原因物質を規制したことに加え、温暖化によってフロンが吸着する雲が小さくなり、結果、オゾン層の破壊が抑制されたと考えられている。温暖化がオゾン層を守ったとは、なんとも皮肉である。

年をとっても脳細胞は増えるって?!

１９９８年11月、アメリカの研究者が衝撃的な発表をした。56歳から72歳の脳解剖をしたところ、脳細胞の細胞分裂を確認したというのだ。

つまり、年をとっても脳の神経細胞は増殖するということである。

これまでの常識では、誕生時の細胞分裂以後、脳細胞は分裂しないとされてきたから、これは驚きの結果だった。

神経細胞自体に寿命があり、１日に数万～10万個ほど死んでいくと考えられてきた。神経細胞は大脳に約１４０億個あるので、仮に１日に10万個ずつ死ぬとすると、80年後には脳は、約８割に減っていることになる。このことから、年をとって脳が衰えるのは仕方ないとされてきたのだ。

ところが、先の実験により脳の神経細胞のひとつ「幹《かん》細胞」は、年をとってからも分裂し、徐々に形を変えて、新たに突起をもった神経細胞になることが判明したのである。

それに加え、脳細胞から出る樹状突起の先端は1000本も伸びるため、細胞どうしの組み合わせも無数に広がることが推測できる。

人間の脳細胞のネットワークはいくつになっても拡張できるというわけだ。

北と南は、いつか逆転する？

地球の磁場はひとつの棒磁石のようになっている。コンパスの針はNが北を、Sが南を指すのはそのためだ。

ところが、77万～78万年前まではNが南でSが北だったと考えられている。

これは火山岩のもつ特徴から見つけられた事実である。溶岩に含まれている磁気は磁場に従って固まる性質があるため、火山岩を見ればどの時代に地球の磁場がどの方向を向いていたのか知ることができるのだ。

では、なぜ磁場の逆転が起こるのかというと、マントルの影響ではないかという説がある。地球の内部には溶けた鉄のマントルが対流しており、それに起因しているというのだが、くわしくはわかっていない。

最新の調査によると、磁場の逆転は過去1000万年の間に約50回も起きているという。単純計算すると20万年に1回は逆転していることになる。

ただし、1万年で起きることもあれば50万年で起きることもあり、逆転のタイミングは不規則。

この先も逆転する可能性があるが、いつ起こるかはわからない。

1日の長さは、やがて25時間になる？

「1日の長さ＝約24時間」というのは常識だが、じつはこれは不変の真理ではない。

10億年前の1日の長さは18時間だった。その頃はいまより地球と月の距離が短く、その影響で地球の自転が早かったといわれている。

事実、19世紀初頭に比べ、１９９０年頃の地球の自転は約2ミリ秒（1ミリ秒＝1０００分の1秒）遅れている。このままいくと、1億８０００万年後には1日の長さは25時間になるといわれている。

ところが最近になって、地球の自転は90年当時よりやや早まっているらしいことが確認されている。

ＮＡＳＡの地球物理学者リチャード博士によると、２０１１年に起きた東日本大震災でプレートが動き、地球内部の質量分布が変わったことが一因と考えられるそうだ。

「レミング」は集団自殺していなかった?!

北欧スカンジナビア半島のツンドラ地帯に生息するレミング（写真）はネズミに似た小動物で、3〜4年ごとに大発生と激減を繰り返すことで知られている。

１９５８年のディズニーの記録映画

『白い荒野』のワンシーンで、レミングが次々と崖から海に飛び込む場面が映し出された。その印象からか、激減の理由は集団自殺ではないかと考えられるようになった。レミングの集団自殺の話を耳にしたことのある人も多いだろう。

常識では、動物が集団で自殺するなど考えにくい。しかし、その減少の度合いは自然に激減したとは考えにくく、集団自殺説に説得力があるように思われていたのである。

しかし2004年、ドイツのフライブルク大学景観管理研究所のベノワール・シットラー氏らの調査隊によって、あまりに意外な見解が出された。

16年間、地道な観測調査を続けた調査隊が出した結論は、「天敵に食べられていた」という至ってシンプルなものであった。

レミングは草食性で、冬は雪の下につくったトンネルのなかで4~5回の生殖を繰り返す。環境がよければ生まれた子どもの多くが生き残り、大量発生につながる。

だが、レミングの周辺には、オコジョやホッキョクギツネなどの肉食動物も暮らしている。

寒さの厳しいツンドラ地帯に生息している動物は少なく、レミングがこれら肉食動物の唯一ともいっていい餌になる。

レミングが大量発生すれば、そのぶん多くのレミングが食べられ、個体数が減っていく。逆にレミングが激減すれば、餓死する肉食動物も出てきて、今度は肉食動物の数が減る。すると、レミングが増える……。

こうしたサイクルが繰り返され、レミングは周期的に増減していたというのである。

また、レミングは大量発生すると、餌を求めて集団移住する習性がある。

ときには、新天地を求めて海や川に飛び込むこともあったはずだ。そのようすが集団自殺しているように見えるのではないかと推測している。

熊のように人工冬眠することは可能か？

クマやリスなどの動物たちは食糧が少ない冬の間、エネルギー消費量を抑えるために冬眠する。

もちろん人間は冬眠せず、一年中活動し続けるわけだが、じつは冬眠できないことはないらしい。

２００６年10月に六甲山で遭難した35歳の男性は、24日後に意識不明のまま発見された。

体温が22度という低体温で動物が冬眠するような状態だったため、生存することができたと考えられている。

これは偶然に冬眠状態に陥った事例だが、最近では人間を人工的に冬眠状態にする「コールドスリープ」の研究も進んでいる。

この技術はすでに実証試験が開始される段階まできており、現時点では2週間程度なら冬眠させられるらしい。

NASAは2030年代に火星への人類派遣プロジェクトを予定している。

火星に送られる宇宙船に冬眠技術が導入された場合、乗組員は2週間ごとに蘇《そ》生《せい》して数日間で体を回復させ、再び冬眠に戻るというサイクルを繰り返すのだという。

今後さらに研究が進めば、2週間どころか何年も冬眠状態を維持できるようになり、途中で蘇生する必要はなくなると予想されている。

他人の大便を注入して病気を治す方法がある?!

人のおなかのなかには、乳酸菌も含めて3万種類、1000兆個もの腸内細菌が存在している。

最新の研究によると、こうした腸内細菌が、免疫力低下による病気や、アレルギー、肥満、糖尿病、うつ、便秘などの疾患に影響していることが明らかになった。

腸内細菌を正常な状態に整えることが、多くの疾患の治療に効果的というわけだ。

腸内細菌を整えるためには、生きた細菌を食事とともに摂取したり、細菌の生成を促す栄養素を投与したりするといった方法があるが、もうひとつ衝撃的なものがある。

それは「糞便移植《ふんべん》」。腸内環境が正常な人の排泄物を、患者の大腸に注入する方法である。

まず腸内が健康な人の排泄物《はいせつぶつ》と生理食塩水を混ぜ、フィルターで食物繊維のカスなどを取り除く。次にその濾過《ろか》した液体を内視鏡を使って大腸に注入すると、腸内バランスが正常化し、腸内が改善されるのである。

この治療法はすでにさまざまな医療機関で臨床実験がおこなわれており、クローン病や難治性の潰瘍性《かいようせい》大腸炎などの治療のために、さらなる研究が進められている。

とくに、抗菌薬で腸内の悪玉菌を一掃してから糞便移植をおこなう抗生剤併用便移植療法が大きな成果を出している。

弥生時代の始まりが500年早まるって?!

日本の文化でいちばん古いのが縄文《じょうもん》時代で、その次が弥生《やよい》時代である。

では、縄文文化と弥生文化の違いはなんだろうか。

答えは土器である。古代日本では縄文土器が使われていたが、大陸から稲作が伝わると弥生式土器が使われはじめた。それが、弥生時代のはじまりというわけだ。したがって、弥生時代のはじまりを探すカギは、土器の年代測定ということになる。

弥生式土器の年代を測定する際、これ

までは出土した土器を中国や朝鮮の青銅器と比べて似通ったものを同年代としたり、出土した地層から年代を類推していたりした。

ところが最近は、「炭素14年代法」と呼ばれる科学的な測定技術によって調査ができるようになっている。

炭素14年代法では、大気や海水、生物の体に含まれる放射性炭素（炭素）を利用して土器の年代を特定する。土器の場合、表面に付着している煤《すす》から年代を導き出す。

２００３年、国立歴史民族博物館がこの炭素年代法を用いて北部九州出土の弥生式土器を測定したところ、考古学界を揺るがす結果が出たという。

土器は紀元前10世紀頃のものということが明らかになったのである。つまり、弥生時代は紀元前10世紀頃からはじまっていたことを示している。

従来の定説では、弥生時代のはじまりは紀元前３～４世紀、早くても紀元前５世紀とされていた。だが、この調査結果が正しいとすると、５００年以上早まることになる。

この新説をうけた東京大学のグループは、３年にわたって検証をかさね、２００８年に「弥生時代の起源は紀元前10世紀頃である」という報告書をまとめた。

日本史年表では１本の線で区切られている縄文時代と弥生時代であっても、研究者の間では新発見をめぐって、絶え間ない研究が繰り広げられている。

小便から、がんの発見ができる日がくる？

がんの生存率は、早期発見が重要になるが、従来のがん検査では早期のがんが見逃されてしまうこともあった。そこで新しい検査法の登場が待たれるなか、いま大きな注目を集めているのが「線虫《せんちゅう》」を使った検査だ。

線虫とは、体長数ミリほどの水中や土壌中に生息する生物のことで、犬以上といわれる嗅覚でエサを判別する習性をもっている。

この習性を利用して、がんを発見しようというのである。

具体的には、シャーレの端に人間の尿を垂らし、尿の真ん中に線虫を入れる。すると、健康な人の尿であれば線虫は遠ざかっていくが、がん患者の尿であれば近づいていくのである。

これは、尿に溶け込んだがん細胞から出た物質を、線虫が餌と勘違いして近寄っていくためだと考えられている。

この線虫による検査でがんの有無を判別できる確率は、なんと95パーセントにも及ぶという。しかも、進行度合い（がんのステージ）にかかわらず的中させることができるため、早期のがんも逃さない。

線虫を用いたがん検診は、２０２０年までに実用化される見込みである。

これが実現すれば、採尿だけで気軽にがん検査を受けられるようになる。

ツタンカーメンの本当の死因とは?

エジプト考古学博物館の最大の見所は、黄金のマスクである。金でできたマスクは重さ約12キログラムで、ラピスラズリなどの宝石が散りばめられている。

1922年にイギリスの考古学者ハワード・カーターが王家の谷の墓から発掘し、一躍有名になった。

この黄金のマスクをかぶっていたツタンカーメン王は、謎の死を遂げた人物としても知られている。暗殺や病死などさまざまな説があり、死因がはっきりしていなかった。

ツタンカーメンは古代エジプト第18王朝の第12代目の王で、9歳で即位し、19歳の若さで亡くなったとされる。

ツタンカーメンの死因としてこれまで有力視されていたのは暗殺説である。根拠は、イギリス・リバプール大学のハリソン教授が1968年におこなった遺体のレントゲン検査だ。

レントゲン写真から、頭蓋《ずがい》内部に打撃による小さな骨片があることが確認され、これが何者かによる陰謀で頭を殴打され、死亡したという裏づけになると考えられたのだ。

しかし2005年1月、暗殺説を否定する新事実が見つかった。エジプトの調

査チームがツタンカーメンのミイラ（前ページ写真）を一時的に墓から取り出しCTスキャンにかけた結果、病死説が浮上してきた。

　CTスキャンによって撮影された1700枚の写真を分析した結果、足に負った傷が原因で感染症を併発した可能性があるという。

　また、調査チームのリーダーであるザヒ・ハワス博士は、暗殺説の根拠となった頭部の骨折は、カーターがミイラを棺から取り出したときの損傷ではないかと推察している。

阿修羅像の元の顔と現在の顔は違うって?!

仏像には如来《にょらい》や菩薩《ぼさつ》など、さまざまな種類がある。一見、みな同じようだが、よく見ると一体一体顔や服装が違う。そんな仏像のなかで、ひときわ印象的なのが阿修羅《あしゅら》像だろう。

　阿修羅は本来、戦いばかりをしている狂暴な神だったが、釈迦《しゃか》の教えにより改心。それ以後、釈迦の配下として仏教とその信者を守る守護神になったといわれている。

　こうした出自《しゅつじ》から、阿修羅像は怒った顔をしているものと、人間らしい顔のものがある。よく知られている興福寺の阿修羅像は後者である。少年のような凛々《りり》しい顔つきのなかにも、どこか憂《うれ》いを帯びた表情が特徴だ。

　ところが、九州国立博物館がCTスキャンにかけて調査したところ、意外な事実が明らかになった。

作製当初の顔は細面《ほそおもて》で厳しい表情をしており、髪を束ねた髻《まげ》も鋭い円錐《えんすい》形だったことがわかったのだ。

阿修羅像は、土でつくった原型の塑像《そぞう》に麻布を張って漆《うるし》で塗り固めた乾漆《かんしつ》像である。麻布が固まってから原型が抜き取られたため、像の内部は空洞になっており、空洞部分をスキャンすれば原型の姿が判明する。

では、なぜ原型と現在の表情が違っているのか。

真相はまだはっきりしていないが、考えられる理由はふたつ。

乾漆像の場合、仕上げとして表面に漆と植物繊維を混ぜたものを塗って調整をしていくが、このときにわざと表情や髪型を変えたという説がひとつ。

もうひとつは、原型どおりにつくられたが、時が流れるにつれ、自然に少しずつ変化したという説だ。

9000年前と現代の虫歯の治療法は同じだった?!

人類最古の文明病は、虫歯や歯周病といってもいいかもしれない。虫歯は人類が農耕をはじめて穀物などの食べものをとるようになってから、歯周病はもっと古く、人類が火を使うようになってから出現しているからだ。

では、これらの治療はいつ、どのようにはじまったのだろうか。

紀元前4000年頃の古代バビロニアでは、虫歯やそれに伴う痛みは歯を食べる虫（歯虫）が原因だと考えられ、近代医学がはじまる18世後半まで信じられていた。

古代バビロニアでの治療法は呪術的だった。神に歯虫祓いの呪文を三度唱え、知覚を麻痺《まひ》させる作用のあるヒヨスの実と乳香《にゅうこう》の樹脂を混ぜたものを虫歯の穴に詰めたという。

また、10世紀頃のアラビアの医師は、歯をきれいにする必要を説き、痛みが激しい場合は、歯の穴を広げて神経が入っている歯髄腔《しずいくう》に薬を塗る治療をした。

このように、虫歯や歯周病の治療史をひもとくと、4000年前の古代バビロニアの例がもっとも古いものだといわれてきた。

だが2006年、イタリア、フランスなどの共同発掘チームにより、従来の歴史をくつがえす発見がなされた。

パキスタン西部の遺跡から、生存中に歯を削った奥歯をもつ、9000～7500年前の遺体が発見されたのだ。

発掘チームは、成人男女9人の遺体から削った歯のある11本の大臼歯《だいきゅうし》を発見。穴は直径1・3～3・2ミリ、深さ0・5～3・5ミリの穴で、火打ち石に使う岩石フリントをとがらせたものを使って削ったと見られている。

11本のうち虫歯があったと思われるのは4本。ほかの歯に穴をあけた理由については、よくわかっていない。

9000年ものむかしから人類は虫歯に苦しみ、歯を削るという、治療をおこなっていたようだ。

哺乳類で唯一甘味を感じない動物とは？

人間は塩味、酸味、苦味、甘味、旨味の5つの味を味わうことができる。味蕾《みらい》という味を感じる細胞がつまった味センサーの器官のおかげである。この味センサーはヒトだけではなく、脊椎《せきつい》動物の多くに備わっている。

ただし、人間以外の動物に5つの味が感じられるかというと、そうではない。どの動物も5つすべてをもっているわけではないのだ。

近年この味センサーについて、ネコ科動物には甘味を感じる味センサーがないという事実が明らかになっている。

アメリカ・フィラデルフィアのモネル感覚研究センターが、ネコに5つの味を与えて神経の反応を調べたところ、甘い味のものにだけ無反応だったという。

人間はもちろん、そのほかの雑食・草食の哺乳類《ほにゅう》は、一般に甘い味を好む傾向にある。だが、同じ哺乳類でも、ネコは〝甘党〟ではないらしい。

なぜ、ネコは甘味に反応しないのか。

この疑問を解くために同研究センターはDNA調査をおこなっている。

甘味を感じるセンサーは、「T1R2」と「T1R3」という2種類のタンパク質からできている。人間やイヌ、ネズミでは、これらのタンパク質をつくる遺伝子が見つかったが、ネコには「T1R2」をつくる遺伝子の多くが変異していることが判明した。

いっぽう、もうひとつのタンパク質である「T1R3」に関しては、とくに変化はなかった。この傾向は、ネコだけでなく、ほかのネコ科動物にも見られたという。

ネコだけが「TIR2」をつくる遺伝子を変異させたのは、肉食であるネコにとって、甘味を感じるセンサーは必要がなかったからではないかと推測できるという。

不要な機能は退化するのが自然の摂理。そのため、肉食のネコは、甘味のセンサーを自らなくしたというわけだ。

日本国内にも天然ダイヤモンドがある？

永遠の輝きと讃えられ、宝石として人気の高いダイヤモンド。その成分は鉛筆の芯と同じ炭素である。組成過程の違いから黒鉛にも、ダイヤモンドにもなる。

ダイヤモンドになるためには、高温、高気圧の環境が必要になる。そうした環境は地下100キロメートル以上の深さにあり、長い時間をかけながら原石がつくられていく。

大事な要素はほかにもある。いったん地下深くで形成されてもゆっくり地表へ押し出されると、温度や圧力が下がって黒鉛になってしまうのだ。そのため、火山活動などのマグマの噴火とともに一気に地表へ上昇することが不可欠。

このような条件がそろう地域は少なく、世界を見渡してみても南アフリカやオーストラリア、ロシア、中国などの一部地域に限られている。

日本は火山国で噴火はあるものの、地質が新しく、ダイヤモンドができるほど深い地下から上がってくるマグマはない。だから「日本ではダイヤモンドは採れない」というのが一般的だった。

しかし最近になって、名古屋大学の研究チームが愛媛県の山間部で天然ダイヤモンドを発見したという報道があった。

もっとも、その大きさはわずか1000分の1ミリで、顕微鏡でも結晶は見えない。火山岩の分析のためにレーザー光を照射してはじめてわかったという。

日本がダイヤモンド産出地となったわけではないのだが、「日本に天然ダイヤはない」という定説は否定されたことになる。

宝石となるダイヤモンドの採掘はムリでも、この発見のようなマイクロ・ダイヤモンドなら、日本国内で見つかる可能性はある。

『モナ・リザ』のモデルは誰なのか？

レオナルド・ダ・ビンチの代表作『モナ・リザ』のモデルはいったいだれなのか……。美術史上最大の謎のひとつとされてきたが、2005年に謎の解明につながる重大発見がなされた。

ドイツのハイデルベルク大学付属図書館に所蔵されている『縁者・友人宛書簡集』（キケロー著、1477年にイタリア・ボローニャで出版）のなかに、「レオナルド・ダ・ビンチがリザ・デル・ジョコン

ドの肖像と聖アンナを制作中」という書き込みがあった。

もともとの書物の所有者は、フィレンツェの役人アゴスティーノ・ヴェスプッチという人物で、彼は知人だったダ・ビンチの近況をなにげなく本にメモしたと見られている。この発見が、『モナ・リザ』のモデルが、リザ・デル・ジョコンドという女性ではないかと考えられるようになったのだ。

じつは、『モナ・リザ』に関しては、ほかにも新しい発見がある。

『モナ・リザ』の最大の魅力である神秘的な微笑みが、レオナルドが描いた当時とは違っているらしい。

２００７年、フランスの技術者パスカル・コット氏が高解像度のカメラで解析調査をしたところ、もとの微笑みは現在より大きく、まつげとまゆ毛が描かれていたことがわかった。まつげとまゆ毛は、油絵具の劣化によって消えてしまったと見られている。

高解像度カメラが明らかにした事実は、それだけではない。『モナ・リザ』のひざの上にはもともとブランケットがかかっており、ひじはひじかけ椅《い》子《す》にのせられていた。

また、特殊な赤外線と3D技術を使って『モナ・リザ』を調べたカナダ国立研究機構は、本来の髪形をつきとめたと発表している。

現在の髪形は両肩をおおうように下ろされているが、描かれた当初は後ろで束ねられていたという。

次々と新しい発見のある『モナ・リザ』は、いつの時代も人を惹《ひ》きつけてやまない魅力をもっている。

死海よりもさらにしょっぱい湖とは？

塩分濃度の濃い海といえば、イスラエルとヨルダンの間にある死海《しかい》が有名である。通常の海水の塩分濃度は3・5パーセントほどだが、死海は25パーセントもある。

しかし2007年、東京大学とギリシャの研究チームによって、この死海をはるかに超える塩分濃度の湖が発見されたと報じられた。ギリシャのクレタ島南西沖100キロメートルの海底に沈む「塩水湖」である。

この塩水湖は全長80キロ、幅平均約1キロ、水深約100メートルの巨大なもので、塩分濃度は32・8パーセント。

地中海の海底下には厚さ2～3キロの岩塩層があるとされており、この塩湖も岩塩層から解け出した塩分によってできたものと考えられている。

この塩水湖を観測できたことは、最新科学技術の賜物《たまもの》といえる。

塩分濃度の高い海水では機器の傷みが激しい。ましてや32・8パーセントの塩分濃度となると、通常の機器では観測が難しい。

そこで、研究チームはサビに強いチタン製のケーブルに計器を取りつけた。また、深海重作業ロボットを用いたTVカメラを導入。その結果、当地での深海の様子を、くわしく探ることができたのだ。

さらに、パイプを柱のようにして海底の堆積《たいせき》物を吸い上げることで、研究用の堆積物の採取にも成功している。

今後、これらの堆積物を調査することで、海底の様子がよりくわしくわかるだろう。

高濃度塩水のなかでも生息できる生物ははたして存在するのか。いるとすれば、どんな生物なのか。その生物の特徴は……など、新たな発見が期待されている。

真っ暗な海中で泳ぐイカが青白く光る理由

イカを暗いところで泳がせると、青白く光って見えることがある。

また、夜に海岸を散歩していると、浜辺に打ちあげられた魚の死体が青白く光ることがある。

これは発光バクテリアという小さな菌の仕業である。

イカをはじめ魚たちは、ただで発光バクテリアを共生させているわけではない。彼らの光を利用することで雄雌を見分けやすくしたり、餌となる小動物を誘ったり、敵を威嚇《いかく》したりするために利用している。

発光バクテリアの出す光は意外と明るく、しかも熱を伴わないのでエネルギー効率がよい。

そこで、バクテリアを利用したランプをつくろうという研究も進められている。

かつてパリで開催された博覧会で、壁や天井一面にバクテリアを塗って青白く輝く部屋がつくられたという。このようなバクテリア・ランプは通常1週間程度しかもたないが、バクテリアの培養方法を工夫すれば、3年以上持続させることも不可能ではないという。

いまのところは、コストの問題などもあり実用化されていないが、将来、とくに電源のないようなところでは、電球や蛍光灯の代わりにバクテリア・ランプが使われるようになるかもしれない。

人は昼下がりに自殺したくなる?!

1日のうちで、自殺者が多い時間帯があるといったら驚くだろうか。

「よくよく思いつめてのことだろうから、時間帯なんて関係ないのでは?」

そう思うかもしれないが、じつはそうでもないらしい。

1989年、アメリカのペンシルベニア州立医科大学の研究者グループが、「アメリカでの自殺はどの時間帯がもっとも多いか」という、ちょっと変わった研究を発表した。

それによると、もっとも自殺者が多かった時間は昼下がり。昼食を食べて満腹になり、ウトウトと居眠りの出やすい、気だるい時間帯である。

では、どうして、昼下がりに自殺者が多いのだろう。

この研究者グループは、昼下がりには、メラトニンというホルモンの分泌が減るので、それと関係があるのではないかという仮説を立てている。

そして、この仮説どおりなら、「自殺したい」と口にしている人にホルモン増強剤を注射するとか、昼下がりの監視を強化すれば、自殺者が減るはずだという。

もしもこの説が正しいのなら、ホルモンによる自殺防止剤という薬が、いつの日か登場するかもしれない。

小指を曲げると、薬指まで曲がる不思議

自分の手の指を1本ずつ曲げてみてほしい。小指と薬指を別々に動かすことができないことに気づくはずだ。小指を曲げると、どうしても薬指も曲がってしまうだろう。

これは指の腱《けん》がつながっているせいだといわれている。腱とは骨と筋肉をつなげる部分。ここがつながっているため、小指と薬指は一緒に曲がってしまうのである。

ただし近年の研究では、脳の指令による側面もあるという考え方がある。

脳の命令系統が各指と対応しているわけではなく、複数指と連動して動かすし

くみになっているというのだ。

とはいえ、訓練次第では、別々に動かせるようになるという。事実、ピアニストやギタリストのなかには別々に動かせる人もいる。

ヨーロッパでは赤い雪や黄色の雨が降る?!

日本で雪といえば白いというのが一般的。ところが世界を見渡せば、そうとも限らないらしい。

フランスのパリをはじめ、イタリア、ドイツなどのヨーロッパ各地では、春先に雪や雨がほんのり赤く染まったり、雪解け後の街全体が赤茶けて見えたりすることがある。

それだけではない。ヨーロッパでは黄色い雨が、アメリカでは青色の雨が降ったことがある。もっと不気味なのは、フランスで赤い血糊《ちのり》のようなみぞれが降ったという記録がある。

むかしは、これらの現象は不吉な前兆として人々に恐れられていた。

しかし、これは神罰でも悪魔の仕業でもない。では、その正体はいったいなんなのか。

じつは赤い雪は、サハラ砂漠の赤みを帯びた砂塵《さじん》が強い南風にのって地中海を越え、はるかヨーロッパ上空にまでやってきて、そこで雨や雪に交じって降ってきたもの。

サハラからヨーロッパに運ばれる砂の量は毎年100万トンに達するというから驚きである。

黄色い雨は、空中に飛び散ったマツの花粉、青色の雨はアメリカポプラやニレの木の花粉による仕業である。

では、血糊雨の正体はというと、なんとチョウの糞だったことがわかっている。真相がわかったとはいえ、やはり血糊の雨には濡れたくないものである。

5

いまこそ決着！
あの通説のウソ・ホント

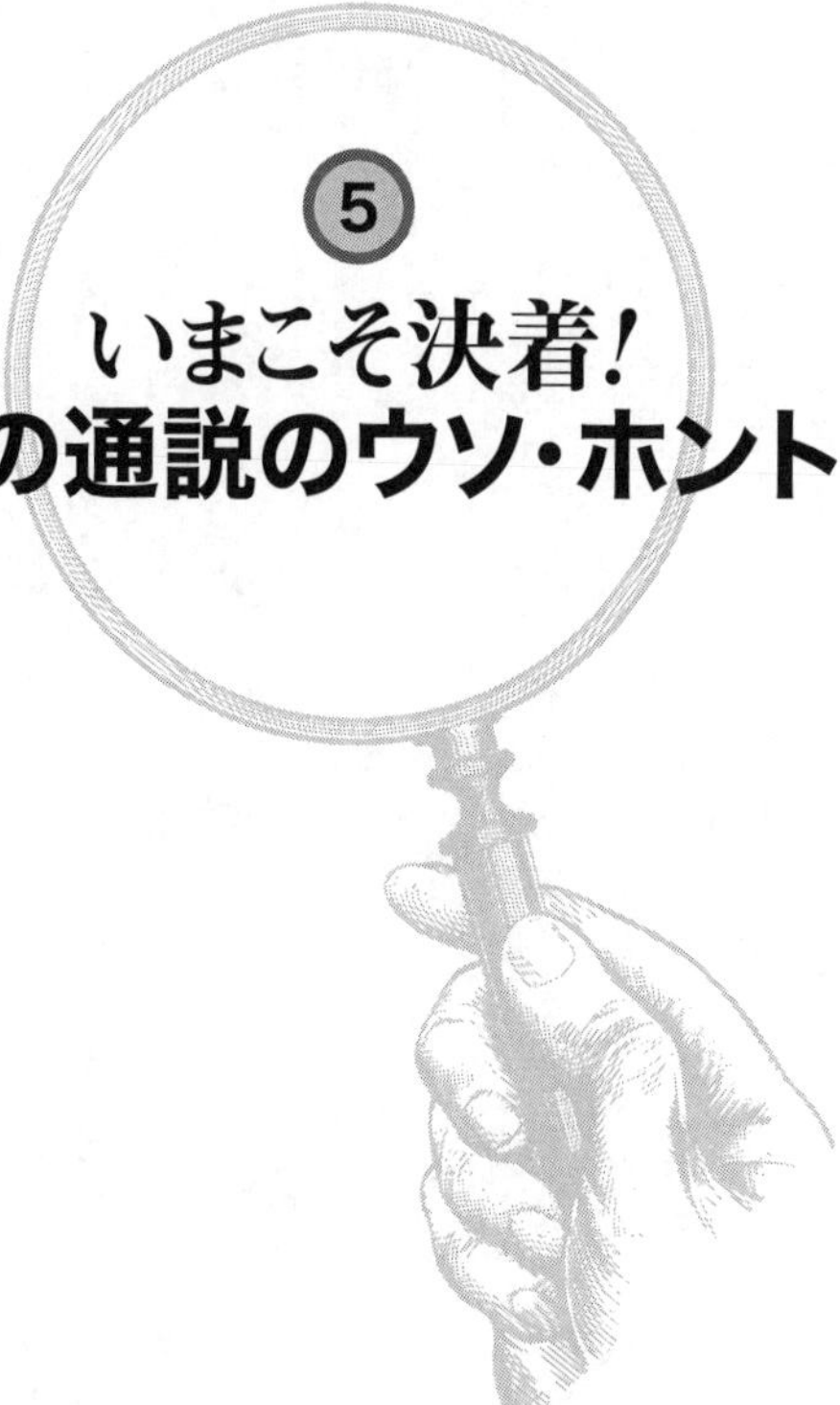

透明人間は盗み見ができないって?!

Ｈ・Ｇ・ウェルズの名作『透明人間』は、映画にもなり、その後、多くのＳＦ作品に応用されたアイデアだ。

この透明人間について、小暮陽三氏が、著書『物理の常識おもしろ知識』で鋭い指摘をしている。

「透明人間は、服を脱いで裸になったとしても、目だけは反射光でわかる。目の反射光を消そうとすれば、透明人間は自分も目が見えなくなってしまう」というのである。

光は、水やガラスのような透明な固体や液体に当たると、密度の小さな空気と、密度の大きな液体や固体との境界で、かならず反射が起こる。

これは目の場合も同じで、人の目をのぞいたり、自分の目を鏡で見たりすれば、多少の光の反射が起こっている。

光の反射を消そうと思えば、目も空気と同じ気体でなければならないことになるのだ。

気体の目というのも想像しにくいが、仮にそういうものがあったとしても、今度は目に入ってくる光を屈折させることはできなくなる。

人間の目は、外から入ってくる光を角膜と水晶体で屈折させて、網膜《もうまく》に像を結ぶ。だから、光を屈折させることができなければ、見ることができないというわけだ。

透明人間になって他人を盗み見ような

ど、そんな不埒《ふらち》な考えは、自然界で通用しないのである。

氷点下なら海も凍る？

氷山が浮かぶような極地方などの海水の冷たさを、「氷点下の海」と表現しているのを聞いたことがないだろうか。

「水は摂氏0度で凍るのだから、氷点下の海などあり得ない。凍っていない限りは0度以上のはず」

そう思うかもしれないが、氷点下の海は実際に存在する。

なぜなら、海水は0度では凍らないからだ。海水の氷点はマイナス1・9度である。

もしも海水が0度で凍るのなら、北極の氷はいまよりもっと低緯度まで広がっていたことだろう。

では、どうして海水は真水より氷になる温度が低いのだろうか。

いうまでもなく、海水は塩水である。塩化ナトリウムをはじめとするさまざまな成分が溶け込んだ水溶液だ。

水溶液が凍るときには、溶け込んでいる成分をはねのけながら、水分子だけが集まって氷になる。そのとき、凍る温度が低くなるのである。

だから、意外かもしれないが、氷山や北極の氷は塩分を含んでいない。真水の氷である。

しんしんと雪の降る日が静かな理由

雪が降ると、いつもより周囲がシーンと静まりかえっているように感じたことはないだろうか。

雪の日には、戸外から聞こえる雑音の音量が小さくなっている。これは、雪に吸音効果があるからだ。

ふわふわした雪は、見ればわかるように、小さな穴や隙間がたくさんあいている。音は、こういった穴や隙間だらけの面にあたると、穴や隙間のなかで複雑な反射を繰り返すうちに吸収されてしまうのである。

公共の建物の壁や天井などには、よく小さな穴がたくさんあいた多孔質《たこうしつ》と呼ばれる素材（グラスウールボード）が防音素材として使われている。

雪はこの防音素材と同じ働きをするわけである。

雪の吸音性はかなり高く、吸音素材と遜色《そんしょく》ないほどだ。とくに600ヘルツ以上の高い音は、80～90パーセントほども吸い取られてしまう。

雪の日は、あたり一面が吸音素材に包まれたようなものだから、静かになるのは当然なのだ。

「デザートは別腹」は、科学的に正しいって?!

お菓子やスイーツをついつい食べすぎてしまうという人は多いだろう。さっき夕食を食べたばかりなのに、今度はショートケーキをペロリ……。「デザートは別腹」とはよくいったものだ。

しかし、医学的に「別腹」という部位は存在しない。甘いものでも、しょっぱいものでも、辛いものでも、食べ物はみな胃にいき着く。

では、満腹なのにお菓子やスイーツを食べることができるのはどうしてなのだろうか。それは、脳が胃にゆとり部分をつくりだすように命令するからだ。

おいしそうな食べ物を見たり、その香りをかいだりすると、脳はドーパミンという物質を分泌する。「食べよう」という意欲を湧かせてくれる物質である。

また、ドーパミンとともに分泌されるオレキシンは、胃の筋肉を緩ませて胃のなかにある食べ物を下げ、小腸へ送り出す運動を活発にする。

その結果、胃のなかに空間的なゆとりが生まれ、スイーツを食べることができるようになるわけだ。

これが別腹の正体なのである。別腹という部位はないが、別腹をつくろうとする働きをもっているのだ。

蚊に刺されやすい血液型はあるのか？

世の中には、蚊に刺されやすい人とそうでない人がいる。では、どんな人が刺されやすく、どんな人が刺されにくいのだろうか。

蚊のセンサーは熱と二酸化炭素、そして汗とともに排出されるL乳酸という物質を感知する。

そのため、体温が高く、二酸化炭素を多く吐き（代謝が活発）、L乳酸が多い体質の人が刺されやすいことになる。

　これらのほかに、O型の人が刺されやすいという話もあるが、じつははっきりしたことはわからない。

　蚊はO型の人に対して未知の物質を感知している可能性もあるが、それがなんなのか、まだ解明されていない。

「酢を飲むと体が柔らかくなる」はほんとうか？

　体が硬い人は酢を飲むといい、体が柔らかくなるから――。

　むかしから、こういわれてきて、この言葉を信じて、すっぱい酢を飲んできたという人もいるかもしれない。

　しかし残念ながら、酢を飲んだだけで関節の可動域が広がり、体が柔らかくなることはない。
　たしかに、酢の主成分である酢酸《さくさん》はタンパク質を分解して肉を柔らかくしたり、卵の殻を溶かしたりできる。ただ実際に飲んでも、酢酸は体内で分解されるだけで、柔らかくなるわけではないのだ。
　ただし、酢酸の分解産物であるクエン酸には疲れをとったり、ミネラルの吸収を促すなどの効果があるといわれている。代謝促進や体調維持に役立てたい。

カバとクジラは親戚関係ってホント?!

動物園の人気動物といえばパンダ、ゾウ、キリンなどだろうか。

でも動物園の主役級にカバも忘れてはならない。水辺にのんびりたたずむ姿は、なんとも微笑ましい。

このカバ、じつは意外な動物と親戚関係にある。その動物とは、なんとクジラである。

カバは偶蹄目《ぐうていもく》、クジラはクジラ目で、見た目も大きさも違っているが、DNAを調べてみると、同じ共通祖先から進化した種であることがわかっている。

見た目はまったく異なるが、共通する特徴もある。無毛であること、水中で育児をすること、皮脂線がないこと、複胃（胃の部屋が分かれている）をもつことなどが挙げられる。

最近は、カバとクジラを合わせて鯨偶蹄目として分類する場合がある。

永遠に生きることができる生物がいる?!

どんな生物も、いつかはかならず寿命を迎えて死に至る——。それが当然と思い込んでいる人は多いだろう。

ところが、この世界には永遠に生き続けることが可能な驚異の生物がいる。

それはベニクラゲだ。

ベニクラゲは高さ4ミリ、直径3・5ミリほどの小さなクラゲ。世界の温帯・熱帯に広く分布しており、日本でも北海道から九州までの沿岸に生息している。

ふつうのクラゲは、ポリプという植物のような形で生まれて水中を浮遊する形に成長し、死ぬと水に溶けていく。

これに対し、ベニクラゲは、死ぬ直前に団子状になって新たなポリプを伸ばして、若い個体に生まれ変わる特性をもっている。

つまり、ベニクラゲは若返りを繰り返すことで新たな命を得る、不老不死のクラゲなのである。

「みかんを揉むと甘くなる」その根拠は？

ミカンはもむと甘くなるという話を聞いたことがあるだろう。

これはたんなる都市伝説か、それともほんとうなのか。

たしかに熱も加えず、もむだけで甘くなるなど、迷信にすぎないと思えるかもしれない。

だがじつは、科学的な根拠がある。ミカンをもむと酸っぱさが減り、結果として甘く感じるようになるのだ。

ミカンは、収穫したあとも実だけで呼吸している。

この呼吸作用で消費されるのが、酸っぱさの原因になっている酸で、呼吸が増えるほど減っていく。

ミカンをもんだり、気温の高い場所に置いたりすると、この呼吸作用が激しくなり酸を消費し、結果、酸っぱさが軽減されるのだ。

「チョコレートは太る」というのはウソだって?!

「チョコレートを食べても太らない」そう聞いて、どのくらいの人が信じるだろうか。

チョコレートの主成分であるカカオ豆は、約半分が脂肪分でできている。

しかし、その脂肪分は、中性脂肪（トリグリセリド）のような悪質なものではない。

カカオ豆に含まれる脂肪分はステアリン酸、オレイン酸、パルミチン酸という3種類に分けられる。このうち、いちばん多いステアリン酸は体内に吸収されにくく、体脂肪として蓄えられにくい性質がある。

そのため、直接太ることにつながらないと考えられているのである。

ただ、いくら吸収されにくいといっても、砂糖を使っている以上、やはり食べすぎはよくない。

「コーヒーは肝臓がんを予防する」は、ホント?

毎朝起きがけに1杯、会社に着いたときに1杯、仕事中に4〜5杯。日常的にコーヒーを飲んでいる人は多いだろう。

そのコーヒーに、発がんリスクを減らす効能があることがわかってきた。

最新の研究によると、コーヒーを毎日飲んでいる人は、肝臓がんの発生リスクが約半分になるという結果が出ている。

さらにコーヒーは、子宮がんの予防にも

なるという。

じつは、これは糖尿病と関係している。肝臓がんや子宮がんの罹患《りかん》リスクは、糖尿病によって高まるといわれているからだ。

コーヒーにはクロロゲン酸という物質が含まれており、クロロゲン酸は血糖値を改善するほか、体内の炎症を抑える作用がある。

それゆえ、コーヒーを飲むと肝臓がんや子宮がんの予防になると考えられているのである。

ただし、飲みすぎはカフェインの過剰摂取による不快な症状や胃が荒れるなどの症状が懸念されるので、やはりほどほどに。

ギロチンは苦しまない処刑道具なのか？

「ギロチン」という世にも恐ろしい処刑道具は有名だが、これはもともと、死刑囚に苦しみを与えたくないという発想からつくられたものだった。使用を提案した医師・ギヨタンから、この名前がつけられたといわれている。

だが、ほんとうに苦痛を感じずにすむのだろうか。もしも、首を切断されたあとも、わずかでも意識が残っていたとしたら、これほど恐ろしいこともないのだが……。

じつは当時も、医師たちの間でこのことが検討されたことがあった。彼らは、ギロチンで切断された首を観察し、答えを出そうとした。そして、ついに驚くべき結果を得たのである。

ギロチンで切りはなされたある死刑囚の首は、5〜6秒もの間、眉と唇がぴくぴく動き続けたのだ。

瞼《まぶた》は半分閉じられ、白目をむいていたが、医師が大声でその死刑囚の名前を呼ぶと、ふっと医師を見つめたという。その目はまぎれもなく、生きている人間の目だった。

ギロチンの原型とされる16世紀の断絶タイプの処刑具

再び目が閉じられようとしたとき、もう一度、名前を呼ぶと目はまたも医師を見つめたという。この首が医師の呼びかけに反応しなくなったのは、30秒もたってからだった。

この観察が事実だとすれば、少しの間は意識があったとしても不思議ではない。

「恋をするときれいになる」の科学的根拠とは？

クリスマスやバレンタインデーが近づくと、恋の話題が増えてくる。「恋をするときれいになる」といわれるが、はたしてほんとうだろうか。

じつは、科学的にも実証されている。恋をするだけできれいになる秘密はドーパミンとエストロゲンの働きにある。

ドーパミンとは、人間が興奮したり、勝負をしたりするときに分泌される脳内物質で、恋をしたときにも大量に分泌される。

この物質によって代謝が進むと、全身が活性化して免疫力も高まり、肌にツヤが出てくるのだ。

いっぽう、エストロゲンは女性ホルモンのひとつ。恋をすると女性ホルモンの分泌量が増え、体つきが女性らしく曲線的になり、これも肌や髪の毛に潤《うるお》いを生む働きがある。

つまり、恋する女性の体からは、ドーパミンとエストロゲンが盛んに分泌されるため、ほんとうにきれいになるというわけだ。

「睡眠は8時間が理想的」は根拠がないって?!

適正な睡眠時間は、よく8時間といわれるが、これには科学的根拠がない。1日を労働、睡眠、その他の活動に3分割して、8時間くらいがよいと考えられているにすぎない。

成人すれば1日の睡眠時間は、個人差はあるものの6～7時間ぐっすり眠ればじゅうぶんという人も多い。むしろ9時間以上とると早死にするという研究もある。

寝すぎてしまうと、かえって眠気を誘い、若さを保つ作用もあるメラトニンというホルモンが出にくくなるのだ。

大事なのは時間の長さより、質のよい

睡眠がとれる時間帯である。

人間の体温は午前5時から11時まで少しずつ上がり、午後5時からだんだん下がる。午前1時に最低温になって、翌朝5時まで低温層が保たれる。

この低温層のとき、メラトニンがもっとも分泌され、質のよい睡眠がとれる時間帯なのである。

栄養ドリンクの効果のほどは？

1999年3月31日から医薬品の規制が緩和され、栄養ドリンクはコンビニなどでも売られるようになった。これによって手軽になり、手にとる人も増えたとされている。

そもそも栄養ドリンクにはどれくらいの効果があるのか。

栄養ドリンクを飲むと体が軽くなる、疲れが解消するといった声も耳にするだろう。

しかし、このように効果を感じるのは自己暗示によるプラシーボ効果のほか、カフェインやアルコールなどの含有成分による神経の興奮作用のためだという専門家は多い。

事実、スタミナ効果を否定する実験結果も報告されている。

それなりに高価な商品ならば、ビタミンや生薬の配合が変わるため効果が期待できそうだが、必要以上に取り入れた栄養素は体に吸収されることなく排出されてしまう。

むしろ「栄養ドリンクを飲んで元気に

なろう」という、気持ちの影響のほうが大きいようだ。

スッポンの生き血で精力はホントにつけられる?

むかしから強壮剤として珍重されてきたひとつにスッポンの生き血がある。

われわれが飲んだり食べたりしたものは、胃や腸のなかで消化されてアミノ酸やブドウ糖といった成分になるが、それだけではない。

鎮痛剤を飲めば痛みがなくなったり、コーヒーを飲めばカフェインの効果で眠れなくなったりするように、消化分解されず直接吸収されて効果を発揮する成分もある。

では、スッポンの生き血には、精力増強につながる特別な成分が含まれているのだろうか。

いまのところ、答えはノー。まだ見つかっていない、というべきかもしれない。

見るからに生命力がありそうな血を、わざわざお金を払って飲むことで、「よし、精がついたぞ!」という心理的効果によるところのほうが大きいようだ。

たしかに男性の生殖機能はとてもデリケートで、精神面に大きく左右されるのも事実。精力を取り戻したいなら、ストレスをためないことのほうが効果がありそうだ。

「音痴は治らない」は ほんとうか？

カラオケが浸透しているせいなのか、昔に比べて、いわゆる〝音痴〟の人が少なくなってきた。

マイクを握ると、だれもがそこそこ歌い上げてしまう。

だがまれに、絶対にマイクを握らないという人もおり、音痴がまったくいなくなったわけでもない。

ひと口に音痴というが、音痴には大きく分けて、感覚性失音症と運動性失音症がある。

感覚性失音症は、音楽を正確に聞きとることができないため、再生も困難な人である。聴覚中枢《ちょうかくちゅうすう》に障害がある場合もあり、治すのはなかなか難しいといわれている。

いっぽう、運動性失音症は、音楽を聞きとることはできても、それを正確に再生できない人である。これは訓練によってじゅうぶんに治すことができ、しかもいわゆる音痴の99パーセントは、この運動性失音症なのである。

音痴を治す訓練は、発声練習とリズム感を磨く、このふたつに尽きるという。

発声練習のコツは、腹式呼吸を身につけるといい。

リズム感のほうは、体を動かしながらリズムを体得するのがコツだ。

あとは、とにかく練習あるのみ。練習すればするほどうまくなるのは、どんな習い事でも同じである。

赤ちゃんのほうが大人より骨の数が多いってホント?

子どもの骨の数と大人の骨の数を比べると、大人のほうが多いように思えるだろうが、実際は違う。

生まれたばかりの赤ちゃんの骨は350本あるのに対し、大人になると通常206本にまで減ってしまうのである。

これは骨の一部がくっつくことに原因がある。

たとえば、赤ちゃん時代に腸骨、恥骨、坐骨として独立していた3つの骨は、大人になると寛骨《かんこつ》というひとつの骨になって成長するのだ。

もちろん、骨は大人になるまで成長するが、大人になってそれで終わりということはない。

カルシウムなどのミネラルを与えれば太くなるし、逆に、必要な栄養分が不足すれば骨粗《こつそ》鬆症《しょうしょう》などにもなる。

酸素がなくても生きられる生物がいるって?!

私たち人間は、酸素がなければ生きられない。

そのため生物はすべて酸素を必要としていると考えがちだが、なかには酸素がなくても生活できる生物がいる。

いやそれどころか、酸素があるとかえって困るという生物がいる。

そうした酸素嫌いの生物のほとんどは細菌の仲間である。

なかでも破傷風菌《はしょうふうきん》、食中毒の原因に

なるボツリヌス菌（写真）などが代表的だ。

　こうした生物は「嫌《けん》気《き》生物」と呼ばれる。

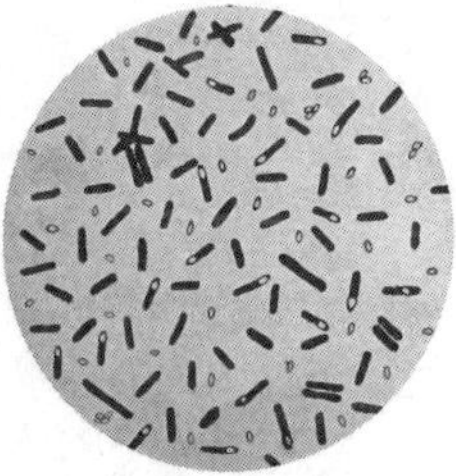

　嫌気生物は、酸素を使わずに有機物を分解してエネルギーを獲得するので、酸素なしでも生きることができる。

　逆に酸素があると活動が阻害され、生育を妨げられてしまう。

　つまり彼らにとって酸素は、必要ないだけではなく、害をもたらす存在というわけだ。

北極星はほんとうに天の北極にあるのか？

　むかしの人は、海上で方角を知りたいとき、北極星を探したという。

　北極星はどんな季節でも、いつも北の空に輝いているからだ。北極星さえあれば、方向を判断できる。

　この北極星というのは、こぐま座のアルファ星で、ポラリス（極）ともいわれる恒星。地球から８００光年の距離にある恒星で、その名のとおり天の北極にあり、まわりの星はこの星を中心にして回転している。

　つまり、われわれ北半球の人間から見れば、すべての星の中心ともいうべき存在である。

しかし、北極星が中心になっているのは、単なる偶然。たまたま地球の自転軸の延長線上に北極星があるというだけである。実際は、自転軸とは約1度ズレている。

では、このまま北極星が北の中心であり続けるのかというと、じつはそうではない。

地球の自転軸は、現在は二十数度ほど傾いているが、この先、少しずつではあるがまっすぐになっていくという。それに伴い北極星は少しずつ北北西へと動くことになる。

1万2000年もたてば、真北にはこと座のベガ、つまり、織姫《おりひめ》がいまの北極星の位置にきてしまうのだ。

カメはどんな種類もみんなのろまか?

足の遅い動物の代表格がカメだが、じつは足の速いカメも存在する。

それは、オサガメ。水中では時速35キロメートルものスピードが出る。動きの鈍い動物の代表とされるカメではあるが、意外に俊足の持ち主だ。

そのいっぽうで、やはりイメージどおりのカメもいる。アルダブラゾウガメで、時速0・37キロ。これでは、1秒間に約10センチメートル、1分間に約6メートルしか進まない計算になる。

しかも、この記録は、オスガメがメスガメに誘われたときのものだというから、いかに〝のろい〟かがわかる。

同じカメはカメでも種類によって、その速さには大きな差があるのだ。

十二指腸は本当に指12本分の長さか？

われわれが飲んだり食べたりしたものは、胃の出口の幽門《ゆうもん》から小腸に入るが、その小腸のはじめの部分が「十二指腸」である。漢字のとおり、指を12本横に並べたのと同じ長さだから、「十二指腸」と名づけられたと伝えられている。

だが実際の長さは12本分ではない。

実際の長さは25～30センチメートル。これを12で割ると、2・1～2・5センチとなり、指1本の横幅にしてはかなり太い。

指で表現するなら、「十四指腸」か「十五指腸」くらいになりそうだ。

それがどうして、「十二指腸」と呼ぶようになったのか。

きっかけは翻訳時にさかのぼる。英語では、「指」にあたる言葉は使われておらず、直訳すれば、「十二腸」というような

十二指腸

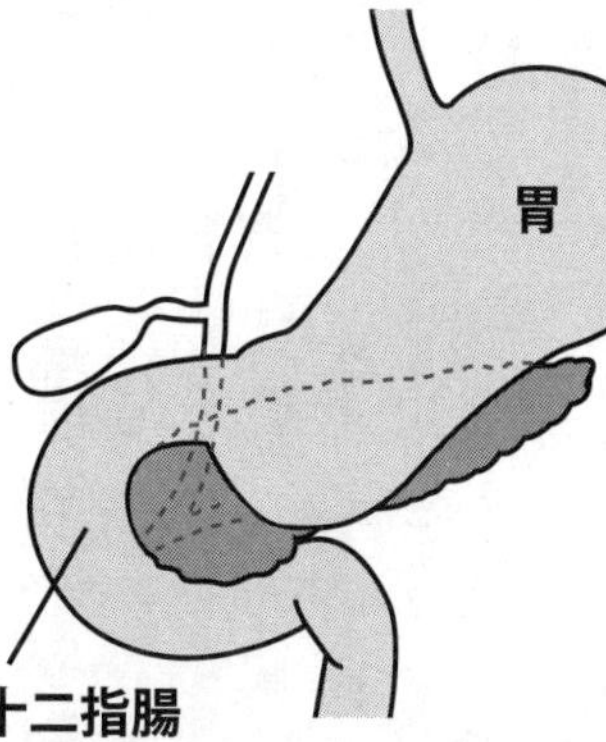

意味になる。

その名前の由来は、「長さが12インチある」から。たしかに、1インチは2・5センチで、12インチは30センチと、実際の長さにぴったり合致する。

ただ翻訳するとき、「12インチ腸」では、「インチ」が日本でなじみのない単位なのでわかりにくいと考えた。それで、わかりやすいように「十二指腸」としたのである。

それがいつしか「指を12本横に並べたのと同じ長さ」と勘違いされてしまったというわけだ。

心頭滅却すれば、火を熱く感じなくなるのか？

「心頭滅却《しんとうめっきゃく》すれば火もまた涼し」という言葉がある。

この言葉、他人にガマンを強いるときに使う人もいるようだが、もちろん本来は、そんな言葉ではない。

16世紀に恵林寺《えりんじ》の禅僧が、織田信長の焼き討ちに遭って命を落としたとき言い残した言葉で、「雑念を取り去れば、火のなかであっても涼しく感じる」という意味だ。

炎に熱さを感じないというのは、名僧ならではの言葉。凡人にはなかなかまねはできないが、ふだんの生活のなかでなら、なにかに夢中になっているときなど、暑さや寒さ、空腹をしばらく忘れていたというのは、だれしも経験があるだろう。

これには、ふたつの理由が考えられる。

まずひとつは、「脳内モルヒネ」の別称で知られるエンドルフィン。この物質が活発に分泌されると、痛みを感じることがないといわれている。

心のもちようで、このエンドルフィンの分泌を活性化できる人なら、「心頭滅却すれば火もまた涼し」ということもあり得るかもしれない。

もうひとつは集中力。なにかに夢中になって、そちらに意識を集中していれば、少しくらいの暑さや寒さや空腹などには、意識が向かない。

エンドルフィンにしろ集中力にしろ、なにかを達成するには重要なものだが、体の不調にまで気づかなかったらたいへん。心頭滅却するのも、ほどほどにしたほうがよさそうだ。

舌を噛むと、出血多量で死んでしまうのか？

スパイ映画や時代劇などを見ていると、追い詰められた暗殺者や忍者などが自ら舌を噛み切って死ぬというシーンがある。

ドラマや映画のように、どうして舌を噛んで自殺できるのか、不思議である。

じつは人間は、舌を噛んだぐらいで死ぬことはない。舌は、内臓などと違って、失えば死んでしまうというものではない。

舌を噛み切れば出血はするが、人間が出血多量で死ぬのは、一度に3分の1から2分の1以上の血液を失って、血圧の急激な低下のために脳や心臓に血液が循環しなくなった場合である。舌の血管が切れたぐらいで、死ぬほどの大量出血をすることはないのだ。

だから、時代劇などで舌を嚙んで自殺するというのは、劇中だけの話である。

ただし、出血多量では死なないが、舌の根元だけを残して嚙み切ってしまうと、その根元がのどに詰まって窒息死する可能性はある。

突き指したとき、引っ張ればよくなるのか？

子どもの頃、突き指をしたとき、よく指を引っ張って治そうとしたものだ。これはほんとうに正しいのだろうか。

結論の前に、突き指の症状についておさらいしておこう。

関節が正常な位置からズレる程度の突き指なら、軽症である。

いっぽう中症は、関節がはずれてしまうもので、じん帯や腱《けん》も痛めている可能性が高い。

さらに重症は、関節がズレているとともに骨折しており、じん帯、腱ともかなり痛めているケースが多い。

軽症の場合、昔の医師は指を引っ張って、ズレた関節を元に戻すという治療をおこなっていたことがある。指を引っ張るという行為は、ここから広まっていったものだ。

しかし、医師はただ引っ張るのではなく、指関節の位置を合わせていた。

これを素人がむやみに引っ張ると、かえって悪化させる危険性がある。

まして、中症、重症の突き指では指を

引っ張ってはいけない。

突き指したときは、まず水で冷やすことが肝心。痛みが引かないようなら、医者に診《み》せることである。

潮の干満は月の力だけで起こるのか?

潮の満ち干が月の引力で起こることはよく知られているが、どうやって満潮や干潮が起こるのだろうか。

まず、満潮が起こる地点はどこかというと、地球と月を結ぶ線上、つまり月が真上に見える地点でいちばん強い。月の方向へ海水が月の引力で膨れ上がるために満潮になる。

このとき、地球の裏側では、月の引力はいちばん小さいが、地球の運動の遠心力によってやはり海面が膨れ上がって満潮となる。

このエリアで海水が増えると、そのぶ

潮の満ち引きの仕組み

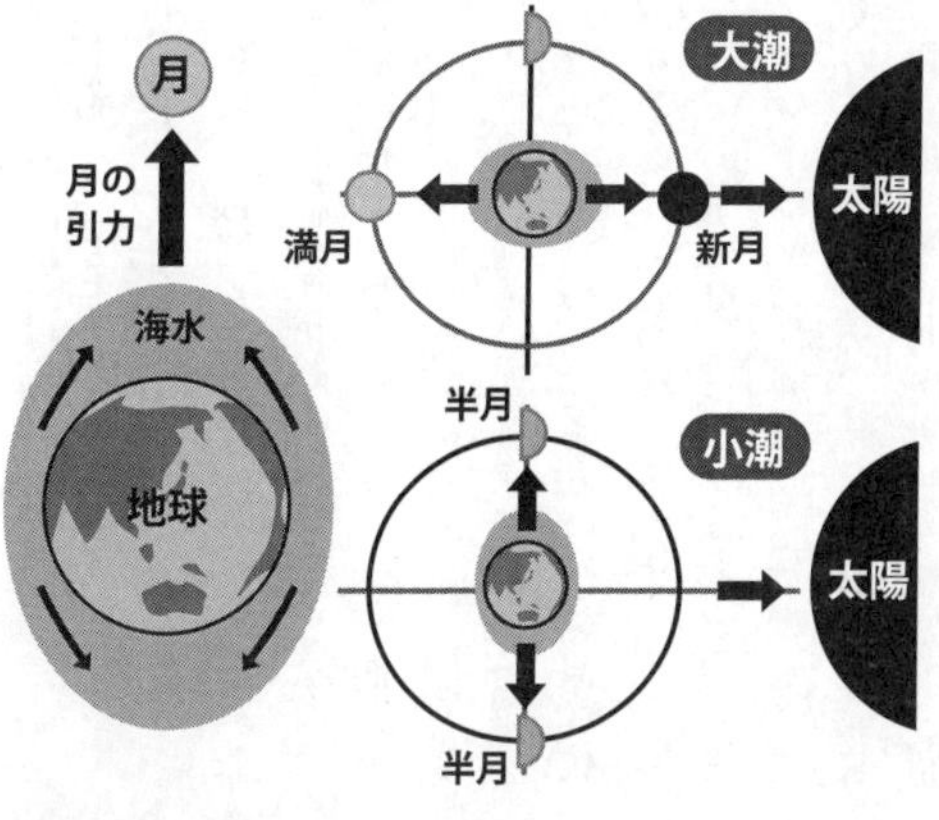

ん、このエリアから直角にあたる地域で海水が少なくなり、干潮になる。つまり、潮の満ち干は、場所による引力の強さの差によって起こるわけだ。この差の力を「潮汐力《ちょうせきりょく》」という。

では、同じ満潮や干潮でも、大潮や小潮など程度に差があるのはいったいなぜだろうか。

これは太陽の引力の影響である。潮の干満を起こすのは月だけではなく、太陽にも、月の半分ほどの潮汐力がある。

太陽と月の引力の方向が同一線上にくる新月と満月のときには、月の潮汐力と太陽の潮汐力が助け合って大潮となり、半月のときには、互いの潮汐力を弱めあって小潮となるのである。

「宵越しの茶は、飲むな」に根拠はあるか？

昔から「宵《よい》越しの茶は飲むな」といわれる。これは医学的にも証明されている。

理由のひとつは、カテキンが時間とともに変質するためだ。変質したカテキンは、血管を収縮させたり、体液の分泌を抑えたり、胃液の分泌を妨げ、結果的に消化不良を招いたりするからだ。

また、お茶の葉には、タンパク質が3パーセント前後のほか、ブドウ糖も含まれている。そのため、時間をおいた葉には、微生物、とりわけカビが繁殖する可能性がある。

その点から、前日の夜にいれたお茶は飲まないほうがいい、というわけだ。

迎え酒で二日酔いは抑えられるか？

二日酔いの原因であるアセトアルデヒドという毒性のある物質は、アルコールが分解され変質したもの。この物質が頭痛や吐き気といった二日酔い特有の症状をもたらす。

アセトアルデヒドは、ふつうは時間の経過に伴って、水と炭酸ガスに分解され、汗や尿となって体外に排泄《はいせつ》される。

ところが、そうした代謝作用が追いつかないほどのスピードでアルコールを飲むと、アセトアルデヒドが体内に長く滞留することになる。そうなると、いわゆる二日酔いの症状が出てくる。

逆にいえば、アセトアルデヒドを分解して排泄しさえすれば、二日酔いは収まるのである。

古来、さまざまな二日酔い対策を人類は考え出してきたが、最悪の方法は「迎え酒」である。

たしかに、アルコールの麻酔作用は、一時的に痛みや苦しみを麻痺させることができる。しかしそれは、あくまで一時的であり、迎え酒が体内のアセトアルデヒドを追い出すわけではない。

したがって根本的な二日酔いの解消法にはならない。

「近視の人は老眼になりにくい」ってホント？

よく、「近視の人は老眼になりにくい」といわれる。たしかに、周囲を見回すと、近視の人より若いときに目のよかった人のほうが、早くから「老眼になった」と嘆いているような気がする。

これは、だいたい当たっているといえるかもしれない。正確にいうと、近視の人が老眼になりにくいわけではなく、老眼になったとき、老眼鏡がなくてもあまり困らないというのが真相。

老眼は、遠くから近くに視線を移すとき、ピントが合いにくくなるのだが、近視の人は、もともと近くのものにピントが合っている。そのため老眼になったとき、老眼鏡がなくても、近視ではない人に比べて、見やすいのである。

また、遠近両用メガネを使う場合も、近視の人のほうが、遠視の人より見えやすい。

視力検査では遠くのものを見る視力を測るためか、近視より遠視のほうが「目がいい」というイメージをもちやすいが、それは違う。

とくに、読書をよくする人やコンピュータに向かう仕事をしている人などは、少しぐらい近視のほうが、生活はしやすいはずである。

農耕社会のむかしと違って、近くのものを見る時間が長くなった現代、その生活スタイルに合った視力が、むしろ有利なのである。

「虫歯はお母さんからうつる」は事実か？

「虫歯はお母さんからうつる」というのは、今日では常識になりつつある。

虫歯の大きな原因となるミュータンス菌は、まだ歯の生えていない赤ちゃんの口のなかには存在せず、おもに1歳7か月〜2歳7か月の乳歯が生えはじめるころに、母親から感染することがわかっている。

ミュータンス菌は、歯がないときには感染しないが、歯が生えはじめると、母親が口移しで子どもにものを食べさせたときなどに、唾液から感染する。

子どもの口のなかに入ったミュータンス菌は、生まれたときから棲みついている常在菌とその棲みかをめぐって、勢力争いをする。そして、この勢力争いに勝った菌が、その後の口のなかを支配するのだ。

このミュータンス菌と争う常在菌も虫歯をつくる作用が少しはあるのだが、ミュータンス菌に比べれば、ごくわずかである。

つまり、乳歯が生える頃にミュータンス菌が口のなかに入らず、生まれながらの常在菌で覆われてしまえば、ずっと虫歯にならずにすむ可能性が高いというわけだ。

だから虫歯を防ぐには、ミュータンス菌を口のなかに入れないことが重要になる。愛情表現のひとつとして母親が子どもにおこなう口移しは、残念なことに子どもの虫歯の原因だったのである。

「寝る子は育つ」は信じていいか？

赤ちゃんが成長して、昼間に起きて夜

眠るようになってくると、睡眠のリズムも大人のように、何段階かの深い眠りと浅い眠りを繰り返すようになる。そうなると、大きく変わるのが、成長ホルモンの出方だ。

成長ホルモンは、下垂体前葉《かすいたいぜんよう》ホルモンのひとつで、単独で働いたり甲状腺ホルモンと協力して働いたりして、体の成長に関与する。成長には、これが適度に分泌されなければならない。

この成長ホルモンは、1日の大半を眠って過ごす赤ちゃんのときには、一日じゅう同じような調子で分泌されるのだが、幼児期になると、ノンレム睡眠のもっとも深い眠りのときに、集中的に分泌されるようになる。目覚めているときには、成長ホルモンはほとんど分泌されない。

成長ホルモンは、睡眠サイクルとは10分ほどずれ、寝入って20～30分後に分泌量が増えはじめ、それから70～80分後に最大ピークを迎える。

つまり寝なければ成長ホルモンを分泌できず、成長を妨げてしまうのだ。

むかしから、「寝る子は育つ」といわれるとおり、子どものいちばんの仕事は寝ることなのだ。

⑥

返答に詰まってしまう"当たり前"のクエスチョン

果物のジャムはどうして腐らないのか？

いちご、オレンジ、ブルーベリー、洋ナシ……。果物のジャムはペースト状にした果物を砂糖漬けにしてつくる。ビン詰になっている状態のジャムを見たことがあるだろう。

そのジャムは、常温で置かれていることが多い。果物（生もの）が原料なのに、常温でも腐《くさ》らないのは不思議である。生ものを常温で置いておけば、やがて細菌が付着し、腐敗がはじまるはずである。

ジャムの場合、大量の砂糖を加えている。そのため浸透圧によって果物に含まれていた水分が奪われているので、細菌が増殖し得ないのだ。だから、常温であっても腐らないのである。

海を渡れないリクガメが世界中にいるワケ

カメの仲間は、分布している範囲がきわめて広い。南極大陸を除くすべての大陸に生息し、熱帯から亜熱帯にかけての温暖な地域を中心に、なかには寒冷帯で暮らしているカメもいる。

よく考えてみれば、これはちょっと不思議な話。ウミガメなら海を泳いで自由に移動できるが、陸地で暮らすリクガメは、大陸から大陸へ海を渡って移動できないはず。

氷期のように氷で陸続きになっている時代でも、移動が遅いカメでは、ほかの動物のように、限られた時期に世界中に分布を広げるのはムリだろう。

また、変温動物のカメが氷期のベーリング海峡のような酷寒《こっかん》の地を移動できるはずもない。

それなのに、どうしてリクガメは、世界中に分布を広げることができたのだろうか。

これは、かつて大陸がひとつだったことと、カメがきわめて古い生物だということの証拠である。

カメは、現生の爬《は》虫類《ちゅうるい》のなかでもとりわけ早くから登場した生物で、現在わかっている最古のカメ「プロガノケリス」は、早くも中生代三《さん》畳紀《じょうき》の後期（約2億年前）には生息していた。

爬虫類の多くは太古に絶滅してしまったが、生き残りがなんとカメの仲間なのである。

それほど古い生物なので、カメが地球上に現れたとき、まだ今日のような大陸分裂は起こっておらず、カメは、分裂前の超大陸の上を歩いて移動することができた。水場に沿って、何千万年という気の遠くなるほど長い歳月をかけて移動したと考えられるのだ。

ジェットコースターが逆さになっても落ちないワケ

ものはふつう、上から下に向かって落ちるものだが、ループ型のジェットコースターでは、コースターがループの頂点までのぼっても、コースターも乗っている人も真下には落ちない。

これは、遠心力のなせる業《わざ》。

ものがぐるぐる回るときには、回転の中心と反対方向に飛び出していこうとする遠心力が働く。

遠心力の大きさは、速度の2乗に比例する。つまり、速度が2倍になれば、遠心力は4倍になり、速度が3倍になれば、遠心力は9倍になる。

逆に、速度が2分の1になれば、遠心力は4分の1になる。

ループの頂点では、遠心力は上に向かって働く。重力より遠心力のほうが大きくなる速さで走りさえすれば、コースターもそれにのっている人も落ちてこないわけだ。

ループ・コースターでは、ふつう、頂点で2G、つまり重力の2倍の遠心力が働くように設計されている。

そうすることで、2Gの遠心力から重力の1Gが相殺されて、コースターにのっている人には、地上に立っているときと同じ1Gの力がかかっているように感じるようにしている。

体にGがかかりすぎないように工夫されているのだ。

アイススケートで氷上を滑れるしくみとは？

冬の人気スポーツのひとつといえば、アイススケートだろう。当たり前のように滑っているけれど、どうして滑れるのか、説明するとなると難しい。

氷は、摂氏0度で溶けると思われているが、それは圧力が1気圧の場合の話。圧力が変われば溶ける温度も変わるのだ。1気圧増すごとに、氷が溶ける温度（融点《ゆうてん》）は、0・0075度ずつ下がっていく。

スケートは、鋭くて面積の小さなエッジで全体重を支えるので、エッジにはかなりの圧力がかかっている。そのため、氷は水となり、水とエッジとの間に薄い水の膜ができる。

氷では摩擦が起こってすべりにくいが、水の膜ができると、水が潤滑油《じゅんかつゆ》のような役割を果たして摩擦を小さくするので、すべりやすくなるわけだ。

スケートが通ったあとは圧力が除かれるので、融点がまた上がって、氷に戻ろうとする。

だから極端に寒い場所では、スケートは滑りにくくなる。気温があまりにも低いと、人間の体重くらいの圧力では融点を下げることができず、氷が溶けないからである。

薬の「食前」「食後」を正確にいうと？

飲み薬は、食前、食後、食間といった具合に、飲む時間が指定されている。とくに、処方薬は、薬をもらう際に「これは、食前に服用してください」と念を押されるものだ。

それだけ薬を飲むタイミングは重要で、守らないと薬の効き目がじゅうぶんに発揮されなかったり、内臓に負担がかかったりする場合がある。

ところで、この食前・食後とは、どのくらいの時間の幅をいうのだろうか。

一般的には、30分から1時間と考えていい。

食前に飲む薬というのは、からっぽの胃のなかで唾液《だえき》や胃液に分解されて早く吸収されるため、おだやかなものが多い。たとえば、胃を刺激して食欲を増進させる食欲増進剤や、吐き気をとめる鎮吐《ちんと》剤などがこれだ。胃潰瘍《いかいよう》の薬も、荒れた胃の壁を治すには、胃になにも入っていないほうが効果がある。

逆に、食後に飲む薬は強いものが多い。薬は食べたものと混じって栄養素と一緒に吸収される。解熱鎮痛《げねっちんつう》剤や強心利尿剤などがこれに当たる。

なお、食間というのは、食事と食事の間という意味。食事中に飲むものと思っている人がたまにいるが、そうではない。

毒ヘビの毒はどうやってできたのか？

危険な毒ヘビは世界じゅうで約450種いるといわれており、毒が弱くて人間にはほとんど害のないものまで加えれば、その種の数はさらに多くなる。どういう進化によって、毒ヘビは毒をもつようになったのだろうか。

毒ヘビの毒は、毒腺と呼ばれる口のなかの特殊な腺から分泌される。この腺は、ほかの脊椎《せきつい》動物にある唾液腺が、長い時間をかけ、進化によって特殊な発達を遂げたものだ。

つまり、毒ヘビは進化によって、ツバを毒に変えたということになる。

毒の成分は毒ヘビの種類によってさまざまだが、主成分はたいてい酵素である。2種類の毒ヘビの毒を比べたとき、近縁であるほど、毒の成分はよく似ている。そして、どの毒ヘビの毒にも複数の毒素が含まれていて、相乗効果でより強

毒ヘビの一種ヤマカガシ

力に毒が効くようになっている。
呼吸中枢などの神経系に作用する神経毒と、循環器系に作用する血管毒に大別されるが、両方の毒をもつ毒ヘビは多い。
毒をもつことによって、毒ヘビは毒をもたないヘビに比べて、獲物を捕るのが容易になった。毒を注入すれば、獲物は動けなくなるからである。毒ヘビの毒は、もともと、獲物を動けなくするのを第一の目的として進化したものと考えられている。

サウナは100度近い温度でなぜ火傷しない？

最近、夏になると日本でも気温が摂氏40度を超えることがある。連日の猛暑日がニュースになることもしばしば。

しかし、当然ながらサウナは、夏の日よりも断然暑い。サウナの温度は100度近くにもなるのだ。

100度ならば熱中症どころか、触れると火傷《やけど》してもおかしくない温度である。

その心配がないのは、サウナでの熱の伝わり方に特徴があるからだ。

サウナ内では、人の体の周囲は厚さ4〜8ミリほどの空気の層で覆われる。

空気は水と比べて、熱伝導効率がとても低い。高い温度でも、空気の層に守られて直接触れていないため、火傷しないのである。

もちろん、水をはじめとする熱伝導率の高い100度の物質に直接触れると火傷する。

シャボン玉はどうして丸くふくらむのか？

石けん水や洗剤を溶かした水をかき回すと、ぶくぶくと泡がさかんに立ち、水の泡と違ってすぐには消えない。

また、子どもの頃、石けん水などをストローで吹いて、シャボン玉をつくって遊んだ経験はだれしもあることだろう。

どうして石けん水や洗剤を溶かした水はよく泡立ち、また、シャボン玉ができたりするのだろうか。

石けんや洗剤などに含まれる界面活性剤は、水と結びつきやすい親水基と、油と結びつきやすい親油基とからできている。泡立ったり、シャボン玉をつくったりするのは、親水基を水の分子のほうに向け、親油基を空気のほうに向けた形で、水の分子を取り囲んだ結果である。

また水の分子には、分子どうしが引き合う力（表面張力）がある。コップに水をいっぱい入れると、水の表面がコップの縁まで盛り上がるが、これは表面張力によるものだ。

この水の表面張力と界面活性剤の微妙なバランスで、シャボン玉は、なんと1000分の1ミリという薄さになるまでふくらむことができる。

鳥の祖先はどうして飛べるようになったのか？

鳥類は、爬虫類《はちゅうるい》から進化して翼を手に入れ、ついに空を飛べるように進化したのだが、いったいどうやって飛ぶことを覚えたのだろう。

これにはふたつの説がある。木から木に飛び移るところから飛ぶことを覚えたという樹上起源説と、地上から木に跳びあがるようになったという地上起源説である。

樹上起源説では、鳥の祖先はもともと樹上生活を送る動物であったという。そして、前足を広げて枝から枝に飛び移っているうちに翼が発達して、パラシュートのようにして飛び降りることができるようになり、さらに翼をはばたかせて飛べるようになった。

もうひとつは、地上を二足歩行していた動物が、敵に襲われたときに木などに跳びあがって逃げているうち、前足が翼になっていったという説。

この2説に決着はついていないが、いずれもこうして登場した初期の鳥は、地上生活かまたは半樹上生活をしていたようだ。

ふだんは地面を歩いたり、枝から枝へ飛び移ったりしながら餌を捕り、敵に襲われたときは、グライダーのようにしてほかの枝に飛び移っていたといわれている。

人のあくびを見ると、なぜつられるのか？

よく「あくびは伝染する」といわれる。だれかがあくびをすると、そばにいる人もつられてあくびをしてしまう。

あくびが出るのは、ふつう、眠いときや疲れているとき、退屈しているときなど、脳の活動レベルが落ちているときである。

脳血流の酸素不足を補うのに、酸素をたくさん体内に取り入れるためだといわれてきたが、これには異論も出ている。

メリーランド大学の心理学者、ロバート・プロヴァイン教授の研究によると、多くの被験者に純粋な酸素を吸わせたときも、通常の100倍の二酸化炭素を含む空気を吸わせたときも、被験者たちがあくびをする回数は、ふだんと変わらなかったというのである。

あくびの原因すらわからないのだから、どうして伝染するのかは、なおさら難しい話かもしれない。

だが、人間の集団生活に原因を求める説が出されている。

集団生活する生物にとって、一緒に眠り、一緒に行動したほうが効率がいい。みんなでかたまって眠ると、お互いに温め合うことができるし、睡眠中に外敵に襲われたときも、かたまっているほうが生き延びる確率が高い。

あくびによってみんなの生理を同調したり、また、「さあ寝る時間だ」というように、周囲に合図をしたりしているのではないかと考えられている。

渡り鳥は、なぜ高山病にならないのか？

人間は、空気の薄い高山に登ると、息苦しく感じるだけでなく、「高山病」という独特の症状を引き起こす。

空気の薄いところでは呼吸が速くなるため、二酸化炭素がたくさん吐き出され、血液中の水素イオン濃度が上がってアルカリ性に傾いていく。

アルカリ性に傾くと、血管が収縮して脳へ流れる血液の流れが弱まる。それが高山病だ。

だが、渡り鳥は、ヒマラヤ山脈のような高山の上空を平気で飛んでいく。高度8000メートルの上空を飛んでも高山

病にかからない。

鳥は、二酸化炭素が排出されたときに、血管の収縮を防ぐ特別のメカニズムを体のなかにもっている。

具体的にそのメカニズムがどういうものかは、まだ解明されていない。しかしこのメカニズムによって、鳥は、空気が通常の50~70パーセントの濃度になっても、脳のなかを流れる血液の速さは変わらないのだ。

火星はどうして赤く見えるのか？

名称からして赤いイメージをもつ火星。たしかに天体望遠鏡でのぞいてみると、赤い色をしている。

無論、地球と同じ惑星なので燃えているわけではない。

赤く見える原因は酸化鉄。火星の表面は鉄サビで覆われているのだ。

ギリシャ・ローマ時代には火星を、その赤い輝きから戦争の神マルス（アーレス）と名づけた。また、さそり座の1等星アンタレスは、「火星の敵（アンチ・アーレス）」という意味で名づけられた。人々は赤く輝く星に、ある種の不気味さを感じていたようだ。

火星の赤い色の原因を突きとめたのは、１９７６年に火星に相次いで着陸した探査機バイキング1号、2号だった。

バイキングが撮ってきた写真から、赤く見える火星の表面は岩と砂に覆われ、まるで砂漠のようだった。赤褐色《せきかっしょく》の砂や土を調べたところ、鉄の酸化物であることがわかったのだ。

火星には地球の100分の1以下の、そのほとんどが二酸化炭素でできた大気があり、火星の1年の4分の1は強い風が吹いている。

風で細かい砂が巻きあげられて砂嵐が起こるのだが、このときに巻きあげられた赤褐色の砂のせいで、空も赤く（ピンク）染まっている。

金星があんなに明るく見えるのはなぜ？

日没後に最初に西の空に見える1番星は「宵《よい》の明星」、明け方最後まで東の空に見える星は「明けの明星」である。理科の時間に習っただろう。

これはどちらも金星のことを指している。とりわけ明るく輝く星として、明星と呼ばれている。

金星が明るく見える理由は、地球のすぐ内側を公転しており、地球からの距離が近いことがある。

しかし明るく見える理由はそれだけではない。金星のまわりを覆っている雲も一因である。

この雲は光を強く反射し、反射率は78パーセントである。

月面の光の反射率が10パーセント程度であることを考えれば、はるかに大きいことがわかる。

この雲は、地上50〜70キロメートルにわたってあり、成分はおもに濃硫酸。

下層大気から運ばれた亜硫酸ガスが太陽光で化学反応し、さらに水蒸気が反応して硫酸ガスができる。それが凝固《ぎょうこ》したものだ。

だから金星の雲は、雨を降らせることもなければ晴れあがることもない。金星の上空には、いつも雲が厚くたちこめているのだ。

深海魚はなぜ超水圧でもつぶれないのか?

1938年、絶滅したと考えられていたシーラカンスが、南アフリカの北東海岸で発見された。その後、彼らは「生きた化石」と呼ばれるようになり、深海で魚やイカを食べて暮らしていることが明らかになった。

シーラカンスのような深海魚は、日の光も差さない水深何千メートルもの場所にいる。地上に比べて20~1000倍もの圧力がかかる環境である。そうした過酷な環境のなかで、潰れることなく生きているわけだ。

そもそも水圧は空気に対して働くものである。したがって、体のなかに空気がなければ(たとえば水で満たされていれば)、水圧につぶされないことになる。
アンコウなどは空気を入れる浮袋をもたず、シーラカンスなどは油を利用することで、外圧と内圧を均等にしているのである。

首長竜は、呼吸するとき苦しくなかったのか？

草食恐竜の多くは、長い首をもっている。マメンチサウルスやディプロドクスなどは、とくに首が長いことで知られている。

ディプロドクスの仲間であるセイズモサウルスは、なんと体長が50メートルもあり、その約半分は首であったとされている。

それほど首が長いと、面倒なこともある。長ければ長いだけ、呼吸効率が悪くなるからだ。

首の長い恐竜は、きちんと呼吸ができたのだろうか。

一説には、恐竜の代謝率はそれほど高くなく、そのため酸素吸入の割合も脳への血液供給量も、哺乳類ほど高くなかったようだ。

哺乳類は大脳の新皮質《しんひしつ》がつねに酸素を必要としている。そのため、脳への血液の供給が途絶えると、脳はダメージを受けてしまう。

ところが、恐竜は新皮質をもたないので、脳への血液の供給は少なくてもよかった。

さらに、大型草食恐竜に関するある研究では、彼らは鳥と同じように「気嚢《きのう》」というシステムを使って呼吸していたのではないかという説が登場している。気嚢とは、肺の前後につながる小分けした空気袋のことだ。

大型草食恐竜が吸い込んだ空気は、ま

ず肺と後部の気嚢に入り、肺にあった空気は前部の気嚢に移動する。

そして、吐き出そうとするときには、前部の気嚢にある空気が外へ出て、後部の気嚢から出た空気が肺にいく。それによって、肺にはつねに新しい空気が満たされていることになる。

たしかに恐竜の脊椎骨《せきついこつ》には、気嚢が入っていたと推測できるくぼみがある。

いずれにしても、体長の半分を首がしめる首長竜の呼吸は、私たち人間とはずいぶん違う工夫があったようだ。

お風呂に入ると、手がシワシワになる理由

長風呂をしたあと、手がシワシワになった経験はだれしもあるだろう。

おなかや背中などはシワシワにならないのに、なぜ手だけがシワシワになってしまうのか、よくよく考えてみれば不思議である。

そもそもシワシワになるのは、表皮のもっとも外側にある角質層《かくしつ》と呼ばれる部分。角質層はすでに活動を終えた細胞なので、水分を活発に出し入れすることができない。

そのため、膨張してふやけてしまうのである。

さまざまなモノに触れる手の表面は、この角質層が発達している部位のため、シワシワになりやすいのである。

同じように足の裏も角質層が発達しているので、シワシワになりやすい。

皮膚の細胞は、何日で新しく入れ替わる？

体の細胞のなかでも、寿命の短いもののひとつに、皮膚の表皮の細胞がある。肌が「表皮《ひょうひ》」「真皮《しんぴ》」「皮下組織」に分けられるうち、いちばん外側が表皮である。血管や神経などが通っていない部分でもある。

厚さは、年齢や性別などによって多少の違いがあるが、平均しておよそ20ミクロン。50分の1ミリという薄さなのに、真皮に接した「基底層」から「有棘《ゆうきょく》層」「顆粒《かりゅう》層」そしていちばん外側の「角質層」と、何層にも分かれている。

表皮の細胞は、「上皮細胞」と呼ばれ、基底層でつくられて、それぞれの層ごとに形を変えながら、だんだん外側に移動していく。

そして、最後にたどり着く角質層で細胞の核を失い、「ケラチン」という物質になる。

生まれてから角質層にたどり着くまでの期間は約2週間。角質層にとどまるのも約2週間で、そのあとは、アカやフケとなって体からはがれ落ちていく。

皮膚のしくみ

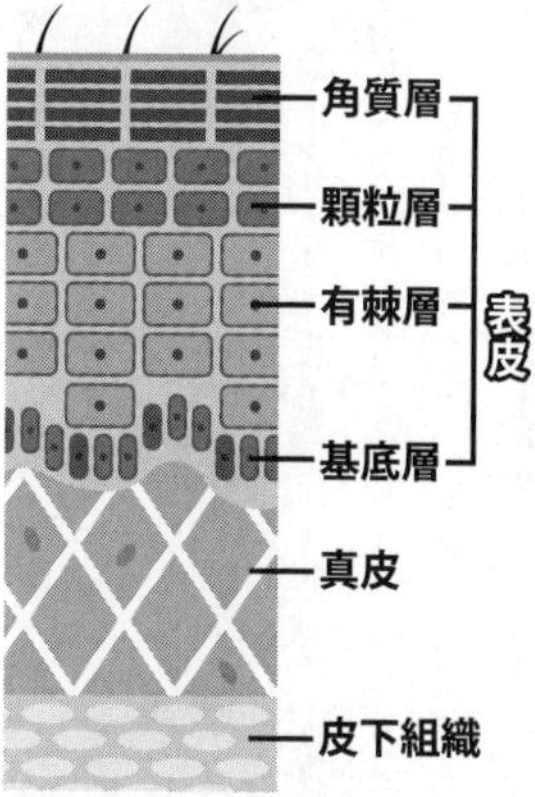

あわせて、たった4週間の寿命である。細胞の入れ替わる周期が短いだけに、はがれ落ちていく上皮細胞の総量は相当なものだ。

生まれてから70歳になるまで、合計18キログラムもの細胞が、生まれてははがれ落ちていくといわれている。

人はどんなとき夢を見ているのか？

現実に起きているときと同じように考えたり、その考えどおりに行動できたりしている。だが、やはり現実とはどこか違う。それで「ああ、夢を見ているな」と気づく……。そんな夢を「明晰夢《めいせき》」という。

明晰夢は、かつて覚醒《かくせい》中の幻覚だと思われていたのだが、1980年、ラバージュ博士が幻覚ではなく、たしかに夢であることを突き止めた。

ラバージュ博士は、被験者に「ああ、夢だな」とわかった直後に、眼球を左から右に動かしてサインを送るように指示し眠ってもらった。

そして、脳波と左右の眼球の動きと筋電図を測定した。

すると、合図が送られてきたのは、たしかに睡眠中だったのである。

さらにくわしく調べてみると、明晰夢を見るのは、ほとんどがレム睡眠中だという。

レム睡眠のときには、体が眠っていても脳は活動しているので、「これは夢だ」とわかるのではないかと考えられている。

また、レム睡眠のときには眼球が激しく動くのだが、どうやらこれが明晰夢と関係しているらしく、眼球の動きが激しいほど、明晰夢が起こりやすいという。

この眼球の運動は、レム睡眠に入ってすぐのときはゆるやかだが、5～7分ほどでピークに達する。つまり、明晰夢は、レム睡眠に入って5～7分後に起こりやすいことになる。

なぜ強酸性である胃酸は、胃壁を溶かさないのか？

忘年会シーズンになると飲酒や過食がたたり、胃腸の具合が悪い人が多くなる。胃は、強酸性の胃酸によって、食べたものを消化する重要な器官である。

それにしても、食べ物は溶かすのに、胃自体が溶けないというのは不思議である。なぜ、自分で自分を溶かすことはないのだろうか。

それは胃壁にある粘液細胞が、絶えず粘液を出して、胃壁の表面をコーティングしているからだ。

もし一部がはがれても、周囲の細胞がすぐにその場所を埋めてくれるのである。

ストレスで胃が痛くなるのは、ストレスを受けると胃壁の粘液の分泌が減ってコーティングが追いつかなくなり、酸が胃壁を傷つけるからである。

録音した自分の声が、ヘンな声に聞こえる理由

ある程度は自分の声質を知っているものだが、録音した自分の声を聞いて、驚

く人も少なくない。

「あれっ、わたし、こんな声をしていたの……」といったことがよくある。

本人は驚いているのに、周囲の人はなにをそんなに驚いているのかわからない。

このように録音した自分の声が、自分の声でないように聞こえる理由は、体の構造にある。

外部から聞こえる声は空気中を伝わってくる。

いっぽう、ふだん聞いている自分の声は、空気中だけでなく骨を伝わってくる。

骨を伝わると、低音域も伝わるため低く聞こえるが、実際に周囲に伝わるときは、低音域が空気中を伝わらない。

そのため、思っていたよりも自分の声が高い場合が多いのである。

接着剤とノリはなにが違うのか？

書類仕事や日曜大工など、物をくっつける際にノリや接着剤を使うことがある。ノリと接着剤は、くっつけるという意味では似ているが、どこが違うのだろうか。

ノリはお米や小麦などに含まれるでんぷんからつくられている。でんぷんの粘り気を利用して紙や布などをくっつける際に使われる。

いっぽう、接着剤のほうは紙や布以外にも、木や金属、プラスチック、ゴムなどさまざまな物をくっつける。

こちらは「分子間力」という、お互いの分子どうしが引き寄せ合う力によって接着したり、物と接着剤の分子を化学反応（共有結合など）させたりすることで結びつけている。

くっつくメカニズムが違うのである。

渡り鳥はなぜ迷わないのか？

地球に生息する約9000種の鳥のうち、3分の2が渡り鳥である。渡り鳥は毎年決まった時期に移動を繰り返す。そして、その多くは北で繁殖し、南で越冬する。

何千キロメートルもの距離を旅する渡り鳥だが、もちろん方位磁石を手に方角を確認しているわけではない。

それなのに迷わずに移動することができる。

渡り鳥は体内時計を駆使して昼は太陽の位置、夜は星座の位置を頼りに方位を修正しながら一定の方角へ飛んでいると考えられている。

プラネタリウムのなかに渡り鳥を入れた実験では、つねに星座の一定方向を目指して飛んだという結果もある。さらに、磁気や風向きなどを感じながら飛ぶ方向を決定しているという説もある。

こうした能力があるから、渡り鳥は方位磁石に頼らなくても迷わないわけだ。

月にはどうして大気がないのか？

月は、地球とほぼ一緒に生まれたと考えられているが、地球には大気があるのに、月には大気がない。

これは重力による違いである。月の質量は地球の約80分の1しかなく、重力もそれに応じて小さく、地球の6分の1しかない。

重力が小さいと、大気を引き止めておくことができない。

生まれたときには同じように原始大気をもっていたとしても、地球は、自分をとりまく原始大気を重力で引き止めておくことができたが、月は大気を引きつけておくことができず、逃げられてしまったのである。

水星に大気がないのも、火星の大気が薄いのも、理由は同じである。

こう考えれば、地球の大気の存在は偶然の恵みといえるだろう。

ホタルのお尻ではなにが光っているのか？

日本の夏の風物詩のひとつにホタルの存在がある。淡い緑色の光を放ちながら飛ぶ姿は、夏の夜を幻想的に彩る。

このホタルの光は、ルシフェリンという生物発光のもととなる物質による。ルシフェリンから、触媒《しょくばい》作用でアデニル酸ルシフェリンという中間代謝物質がつくられる。このアデニル酸ルシフェリンが、空気中の酸素と反応し、発光する。

気になるのは、お尻を光らせたホタルはお尻が熱くないのかということ。電球を想像すればわかるが、ふつう光を放てば、熱も一緒に発生しそうなものである。

ホタルの光は化学エネルギーを光エネ

ルギーに変換しているため、熱エネルギーは生じない。つまり、光るだけで熱くはならないのだ。

カモはどうして水面に浮かんでいられるのか？

毎年冬になると、川や池にカモが多く飛来する。カモの一部は、同じ場所にとどまって暮らすが、その大半は冬の間やってくる渡り鳥だ。

このカモを観察していると不思議なことに気づく。なぜ船のように水の上にずっと浮かんでいられるのか。

カモの羽をよく見てみると、ワックスがけした床のように、水を弾《はじ》いていることがわかるだろう。

じつはカモ自身で、羽の外側に脂を塗っているのである。よく尻尾の付け根あたりをくちばしでこすりつけるしぐさを見かけるが、それは、そこにある皮脂腺から出る脂をくちばしにつけているようすである。

くちばしについた脂を全身にこすりつけてワックスがけし、水をはじいている。こうして羽毛に空気を閉じ込め、羽を浮き輪のように利用しているのである。

土の中にいるモグラは、なぜ息苦しくならない？

毎年5月はモグラの繁殖期にあたり、縄張り争いに敗れて追い出されたモグラが地上で死んでいる姿を見かけることがある。

そんな特別な場合以外は、地上でモグラを見かけることは少ない。

それもそのはず、モグラは1日のうちほとんどを土のなかで暮らしている。

土のなかにいながら息苦しくならないのには、モグラならではの工夫がある。

モグラは土を掘り進める際、体のまわりにある土がゆるくなるように掘ることで、呼吸するスペースを確保している。

また、モグラが掘ったゆるい土壌《どじょう》は、空気を通しやすいため、モグラが酸欠になることはない。

なんらかの原因で土のなかに埋まってしまったとしても、手で空間を確保すれば呼吸することができるのである。

赤ちゃんのほとんどが頭から生まれてくるワケ

赤ちゃんがお母さんのおなかにいる期間は前述のとおり約40週。その日を迎えた赤ちゃんは、通常なら頭から生まれ出る。ここでひとつ、疑問が浮かぶ。

人間は頭を上にして生活しているのに、なぜ赤ちゃんは、頭を下にして出てくるのだろうか。

赤ちゃんはお腹にいるときからすでに逆さまになって過ごしている。これは、頭が成長するにつれて重くなって、自然に下へと向かうからだ。

また、生まれるときに、もっともスペースをとる頭から先に外へ出ることにより、手足が楽に出られるようにすることも理由のひとつである。

ガムは嚙んでも嚙んでも、なぜなくならない？

ガムを嚙んでいると、不思議に思うことがある。口のなかで何十回と咀嚼《そしやく》しても、いつまでもなくならない。

それはガムが唾液で溶けない成分でできているからである。

板ガムの主原料は植物性樹脂、風船ガムの主原料は酢酸ビニル樹脂。これらは唾液にさらされても溶けることなく、維持し続けるのだ。

ところが、油分や熱には溶けやすいため、たとえば、ガムを嚙みながら熱いコーヒーを飲んだり、チョコレート（油脂が含まれている）と一緒に嚙んだりすると、やがて溶けはじめる。

種なしブドウの種はどこに消えた？

ブドウを食べるときに邪魔な種をなくすため、種なしブドウが開発された。

ふつう植物は種から育つもの。発芽するための栄養が詰まった器官が果実だ。ならば、種なしブドウの種はどこに消えたのか。

じつは、はじめから種がない。

通常のブドウは、種から木が伸び、花を咲かせる。花は、受粉すると子房《しぼう》が発達し、やがて種が入った実ができる。

種なしブドウの場合、花のひとつひとつを植物ホルモンの一種である「ジベレリン」の溶液に浸す。

ジベレリンは植物の成長を促進するため、受粉していないにもかかわらず、子房が発達して実ができるというわけだ。

レンコンの穴にはどんな意味がある？

レンコンは、ビタミンやミネラルを豊富に含み、汁物や揚げ物、あえ物などに重宝するメジャーな根菜類である。

レンコンは漢字で「蓮根」と書くが、厳密にはハスの根ではなく、ハスの地下茎の部分である。

レンコンにはいくつもの大きな穴があいている。茎のなかに栄養分を通す管と思われがちだが、これらの穴は大きな通気口。栄養分ではなく、空気が通る場所である。ここまで大きな空気穴が通っている植物は、ほかにはない。

植物は、光合成によって二酸化炭素を吸って酸素を吐き出しているが、生命活動をするためには酸素も必要としている。

酸素は、葉にあけられた気孔を通して空気中から取り込まれるほか、根の細胞からも土壌中の隙間にあるものが取り込まれる。

しかし、ハスは根からうまく酸素を吸収できない。土壌ではなく、酸素の少ない泥沼のなかで生育するからだ。

そのため、酸素を根に送るために大きな通気口が必要になる。これがレンコンの穴の正体である。

「のどちんこ」はいったいなんのためにある？

口を大きく開けたとき、のどの奥の真ん中に垂れ下がって見える「のどちんこ」。なんとも不思議な形をしている。

正式には「口蓋垂《こうがいすい》」という。上アゴにあたる口蓋の一部が垂れ下がったものだが、いったいなんの役に立っているのか、謎である。

無用のものと思っている人もいるかもしれないが、じつは重要な役割を果たしているという説がある。

のどには、空気の通る「気管」と食べ物が通る「食道」がある。気管は肺に通じ、食道は胃に通じている。

吸った空気が肺に入らず、胃のほうに流れては窒息してしまうし、食べたり飲んだりしたものが肺に入ったりしたら、肺が炎症を起こしてしまう。

そこで、空気が気管に、食べ物が食道にきちんといくよう、振り分けに一役買っているのが、のどちんこだという。

ただ、この振り分けを直接おこなっているのは、軟口蓋《なんこうがい》と喉頭蓋《こうとうがい》と呼ばれる部位で、のどちんこがなくても、日常生活に支障をきたさない。そのため、ほんとうにどんな役割があるのか、まだはっきりとはわかっていない。

われわれは無意識に呼吸をし、なにげなく食事をしているが、その陰でのどちんこが、せっせと働いているのかもしれないのだ。

流れ星が一瞬しか光らない理由

「流れ星が流れ落ちる前に、3回願い事を唱えられたら、その願い事が叶《かな》う」

この迷信を試してみて、できた人はどのくらいいるだろう。

実際には、あっという間の出来事で、消える前に願い事を唱えるなど不可能なはずだ。

それもそのはず、流れ星のスピードは秒速数十キロメートル。高度50キロまでの間に燃え尽きてしまうため、光っていられるのは1秒くらいだ。

しかも、事前にどこで光るかわからないので、流れ星を見つけたと思ったときには、もう光は消えていることになる。

流れ星が一瞬の輝きしか放たないのは、もともと流れ星の正体が、小さなチリにすぎないため。宇宙のチリが大気圏に突入し、たちまち燃え尽きてしまうというのが流れ星だ。

チリが大気圏に突入するスピードが速いほど、たくさんのエネルギーを発するので、輝きも増す。しかしこれは同時に、落ちてくるスピードも速いわけで、流れ星が消えぬ間に願い事を3回唱えるということは、ますます難しくなる。

昼間の空が青く、夕焼けが赤いのはなぜ？

空は時事刻々と色を変えている。たとえば、昼間の空は青くなり、夕方の空は赤くなる。当然の自然現象のように思えるが、空の色が変わる理由を説明するとなると、戸惑うだろう。

そもそも人は、物体が反射した色の光だけを目で受け取り、物体を識別している。太陽光をプリズムを通して見ると、波長の違いで紫や青、黄や赤など、さまざまな色をもっていることがわかる。

そのなかで、波長の短い青い光は空気の粒子に何度もぶつかっては跳ね返り、光を四方八方に放つ性質がある(散乱)。そのため、青がもっとも私たちの目にも届きやすく、空は青色に見えるわけだ。

しかし、夕方になると太陽が傾き、光が大気中を進む距離は、昼間の30〜40倍にも達する。

青い光は散乱しすぎて弱くなってしまうのに対し、波長の長い赤色だけが、まっすぐ地表に届くことになる。

そのため、夕方の空は、青色よりも赤色がよく見えるのである。

赤、青と紫陽花の花の色が変わるのはなぜ?

梅雨時の庭を彩るアジサイには「七変化」という別名がある。

その名のとおり、アジサイは時期によって淡い緑色から白、青紫、濃いピンクへと色を変えていく。また、品種と時期が同じでも、場所によって色味に変化があったりもする。

たいていの花は遺伝子によって色が決まっているはずだが、アジサイは時期や場所によって色が変わるのだ。

じつはアジサイの花も、色素はほかの

花と同じように遺伝子で決まる。「アントシアニン」という色素と無色の補助色素である。このふたつの色素によって、色が変化するのである。

アントシアニンは酸性の液では赤く、中性やアルカリ性の液では青紫になる性質をもっている。花の細胞は咲きはじめからしだいに酸性に傾いていくので、咲きはじめは青紫だったアジサイも、日数が経つと赤みを帯びていくというわけだ。

場所によって花の色が変わるのは、土壌による影響である。アントシアニンは鉄やアルミニウムが加わると、補助色素の働きによって色が青くなるのである。

アルミニウムはどんな土にも多少は含まれているが、中性やアルカリ性ではほとんど溶け出さない。水に溶けるのは酸性のときである。

つまり、酸性の土壌ではアジサイは青くなりやすいというわけだ。

虹はなぜ7色なのか？

雨上がりによく見られることからわかるように、虹は太陽と水滴がそろってはじめて姿を現わす。

もともと太陽光には赤、橙《だいだい》、黄、緑、青、藍《あい》、紫と7色の光が含まれており、それらが混ざって透明に見えているのである。

この7色の光はそれぞれ屈折率が異なり、たとえば赤は屈折率が小さく、紫は大きい。そのため、太陽光は雨の水滴のなかを通ると屈折率の違いによって色ごとに分離し、7つの帯に見えるわけだ。

日本では虹は7色というのが常識だが、アメリカでは6色、オランダでは5色と表現するのが一般的である。

無論、太陽の光自体が異なるわけではない。同じ虹を見てもそれを言葉で表わすと、国民性によって表現に微妙な違いが生じるのである。

秋になると葉っぱが色づくワケ

秋になると、草木が赤や黄色に色づきはじめる。この美しい色の変化はなぜ起こるのだろうか。

本来、植物葉の色は緑である。あらゆる植物には光合成をおこなう緑色の色素「クロロフィル」が含まれているからだ。ただ、葉には「カロチノイド」という黄色やオレンジ、赤の色素も含まれている。

日照時間が減り、気温が下がってくると、植物は冬を越すための準備にとりかかる。

葉は栄養分を蓄えるために、クロロフィルを分解して栄養分に変えてしまうのである。

そのため分解が進むと、相対的にクロロフィルが減りカロチノイドが増えることで、赤色や黄色がくっきりと葉に浮かび上がってくるというわけだ。

どうして地球は丸いのか？

地球は青かった――。

これは1961年4月12日、人類で初めて宇宙から地球を見たソ連の宇宙飛行士ガガーリンの言葉である。

青く、そして丸い地球のイメージは世界中に浸透している。しかし、青は海の色だとしても、なぜ形が球体なのだろう。たしかに星の多くは球体をしている。

地球に限らず、多くの星は宇宙空間に漂うチリやホコリ、隕石《いんせき》などが、ぶつかりながらひとつにまとまってつくられていく。

すべての物体は引力をもっている。そして引力は物体の重心から「どの方向にも等しく」働く。

つまり、星の重心から等しく引き寄せる力がかかっているため、中心からの距離が等しい球体ができあがるのである。

震度とマグニチュードは、なにが違う？

2011年3月11日、マグニチュード9・0の大地震が日本を襲った。最大震度は宮城県栗原市の震度7で、震度6強を記録した都市は広範囲にわたった。

このように地震が発生するとかならずマグニチュードと震度が発表されるが、両者の違いを知っている人は少ないかもしれない。

マグニチュードは震源地の地震エネルギーの大きさ、つまり地震自体の規模を示す。1段階上がるごとに約30倍になり、10以上の地震は地球では起こり得ないといわれている。

いっぽう、震度は場所ごとの揺れの大きさを示している。

マグニチュードが小さくても、地盤がゆるい場所では、揺れが大きくなることもある。いわば被害と直結する指標といえるだろう。だから特定の場所の被害を知りたいときには震度をチェックすることだ。

青色LEDは、いったいなにがすごいのか？

2014年、青色LEDを開発した赤崎勇氏、天野浩氏、中村修二氏の3名がノーベル物理学賞を受賞した。日本人として誇らしいニュースだったが、青色LEDは、どこがすごいのだろうか。

LED電球は電気をそのまま光エネルギーにするため、熱エネルギーに変換して光らせる白熱電球よりも効率がいい。省エネが産業の発展に不可欠である今日、LEDの開発は、世界が望んでいたことだった。

青色LEDの開発が評価されたのは、これによって赤緑青の光の三原色がそろい、LEDでどんな色でもつくれるようになったからだ。

光の色はエネルギーの量に対応しており、赤より緑、緑より青のほうが多くのエネルギーを必要とする。そのため、すでに赤と緑は開発されながらも、青色はつくることが難しかったのである。

首の長いキリンは、どうやって頭に血を送る？

首が長い動物といえば、真っ先にキリンが思い浮かぶ。その長い首のせいで、キリンの頭は地上約5メートルの高さにある。

首が長いと頭と心臓の高低さが大きくなるため、脳にじゅうぶんな血液が送られないのではと思ってしまう。

キリンは、ひじょうに強力な心臓をもっており、血圧が平均260／160と人間の2倍もある。そのため、頭の部分でも人間とほぼ同じ120／75の血圧が保たれているのだ。

また、頭を下げたときに血圧が急に上がってしまうということもない。

キリンの首には血液量を一定に保つ弁が備わっているため、首を動かしても脳の血圧は変化しないのである。

ウンチやオナラはなぜガマンすることができる？

私たちが食事をすると、食べたものは胃や腸で消化され、栄養素など必要なものが小腸で吸収される。

いっぽうで、残りカスは大腸に運ばれていく。大腸に運ばれた不要物は細菌によって分解されて直腸にためられる。

その量が一定以上になると、直腸の壁が圧迫されて便意をもよおし、体外へ排出されるのである。

当たり前だが、便意をもよおしたとたんに、そのまま排便するわけではない。

赤ちゃんであれば、便意をもよおした瞬間に排便するが、3～4歳になると、排便を抑制することができるようになる。ヒトはほかの動物と違い、排便をコントロールする術をもっているのだ。

肛門は通常、括約筋《かつやく》によって閉じられているのだが、ヒトはこの括約筋を使って排便のタイミングをコントロールしている。

括約筋は内肛門括約筋と外肛門括約筋の2種類があり、人間が自分の意思で動かせるのは外肛門括約筋だ。

この筋肉を収縮させることでオナラやウンチをガマンしたり、出したりしているのである。

便意をコントロールできる動物など、ヒトをおいてほかにはない。

これこそ、人間らしさが表われた能力のひとつだろう。

太陽の温度は果たしてどのくらい？

人類にとって、太陽はまさに母なる星である。地球を生み出し、育んでくれたのは太陽。あの太陽の光がなければ、われわれは生きていくことができない。

しかし、母である太陽は、近寄ることもできない灼熱の星でもある。その温度は、場所によって差はあるものの、中心核が摂氏1500万度、表面温度でも6000度、いちばん中心から離れたコロナでも100万度もの温度がある。

コロナは、ふだんは特別な望遠鏡を使わないと見ることはできないが、皆既日食のときに、黒くなった太陽の縁に光っている部分（写真）。とても薄いガスからできているが、不思議なのは、このコロナが表面温度より、温度が高いことである。

理由はまだはっきりしないが、太陽には磁場があり、この磁場がきわめて効率的な暖房装置の役割を果たしているからではないかと考えられている。

どうしてしゃっくりが出るのか？

人体には、胸部と腹部の境目に、「横隔《おうかく》膜《まく》」という大きな筋肉の膜がある。

この横隔膜は、なにも考えなくても、神経から入ってくる信号にコントロールされて、自動的に一定の周期で、なめらかな上下運動を繰り返している。横隔膜が下がると肺に空気が入り、上がると空気が出ていく。スムーズに呼吸するためには、欠かせない運動である。

ところが、なにかの拍子にこの横隔膜の上下運動のリズムが崩れることがある。神経からの信号の間隔が短くなり、横隔膜が、けいれんを起こしたように、ピクピクと激しく上下運動をするのである。

この状態になると、声帯の筋肉にも乱れた信号が送られ、筋肉がすばやく収縮して、「ヒック」という音が出てしまう。

これが、しゃっくりだ。

変な声が出るので、のどあたりに原因があると思いがちだが、ほんとうは横隔膜の運動の乱れに原因があったのだ。

朝一番のウンチはいつ食べたものなのか？

快食快便は健康のバロメーターである。毎朝の起床後、一定の時間に排便できれば、健康の証拠である。さらに硬いか軟らかいか、色、形などが健康の判断材料を与えてくれる。

ところで、いま出したウンチは、いつ食べたものが消化されて出てきたのだろうか。

これを考える前に、まず消化のしくみをおさらいしておこう。

口に入った食べ物は、まず咀嚼で唾液《だえき》と混じり、食道をあっという間に下り、胃に到着する。

ペプシンをはじめとした消化酵素でドロドロになるまでが2〜3時間。ただし、脂肪分の多いものは5時間くらいかかる。

次に行き着く小腸は6〜7メートルあ

って、膵液《すいえき》・胆汁《たんじゅう》・腸液などで消化が進み、4〜5時間かけて通過する。このとき栄養分と水分の80パーセントが吸収される。

次が、長さ1・7メートルほどの大腸。ここでまた、水分が吸収されるのに4〜6時間を要する。そして、次のS字結腸での滞在時間が約6時間。ここで固形になる。

最後に直腸にたどりつくと、われわれが便意をもよおすことになる。

ここまでの合計時間は16〜20時間。つまり、ほぼ1日かかって食べたものがウンチとなって出てくるわけだ。

1日に3回きちんと食事をとったからといって、それが3回のウンチになるわけではない。毎朝1回、という人の場合、結腸での滞在時間などで調節して毎朝1回の排便がくるということだ。

また、下痢になったり便秘になったりするのは、直腸の通過時間の差によるものである。

⑦ 聞かなきゃよかった残念すぎる真実

交通事故を起こしやすい車の色があるって?!

車の流行色は、数年で変わっていく。紺《こん》色も何年かに1度は流行する色だが、困ったことに、紺の車は事故率が高いという事実がある。

紺色の車の事故率が25パーセントに対し、暖色系の赤では8パーセント。この差は、紺をはじめとする寒色が、実際より遠くに見える「後退色」だからと考えられる。

ある実験によると、赤と紺の車が同じ距離にあっても、対抗ドライバーからは、紺の車が赤い車より7メートルも遠くに見えたという。

つまり交差点で曲がろうとしたとき、前方から交差点に入ってくる紺の車が見えても、まだまだ距離に余裕があると錯覚しやすいのだ。

これは、色の屈折率と目のピント機能のしくみによる。

暖色は光の屈折率が小さく、目に入ってきたとき、網膜《もうまく》より奥で像を結ぶ。

すると眼球は、網膜の上に像を結ぼうとして水晶体をふくらませ、凸レンズの状態になる。そのため暖色は、実際の距離より接近し、膨張して大きく見えるのである。

いっぽう、寒色は屈折率が大きく、網膜よりも手前で像を結ぶ。そこで、網膜上にピントを合わせようとするため、水晶体を薄くする。そのため、寒色系の車は小さく、遠くにいるように感じてしまうのである。

紺色の車についで事故率が高いのは、20パーセントの緑、17パーセントの灰色である。

ホタテの貝ヒモの黒い斑点は目玉だって?!

ホタテは、身が大きくて食べ応えのある貝である。

真ん中の身の部分はもちろん、外側にびろっと出ている貝ヒモも味わい深く、酒好きにはおつまみとして人気が高い。

この貝ヒモに黒い斑点がついていることをご存じだろうか。

その数は上下合わせてなんと80個にも及ぶ。じつは、これらはすべてホタテの目玉である。

眼球の奥には鏡がついており、ここに反射した光を眼球中心部の網膜に集める構造になっている。

光に敏感にできているため、ホタテは光の少ない海底でも周囲を見ることができるのだ。

コレラ菌は1日でどれだけ増殖できるか?

人間は、赤ん坊が成人して次の世代を残すまで約20~30年ぐらいかかるが、イヌやネコは数年で子どもを生むようになるし、ゴキブリは春に1匹見かけると、その年の夏には増殖している。

食品についたカビなどは、捨て忘れていると、数日のうちに食品全面に広がっている。

一般に、体が小さくて細胞数の少ない生物ほど繁殖が速い。

とくに細菌やアメーバのような単細胞生物は、細胞の分裂速度がそのまま個体の増殖速度になるので、あっという間に増えてしまう。

たとえば、ゾウリムシの一世代は5時間だし、ミドリムシは10・5時間だ。

なかでも細菌類の増殖がもっと短く、大腸菌は17分、赤痢菌は23分、コレラ菌は21~38分である。

コレラ菌の増殖を平均30分として単純計算すれば、1日で約1万倍もの数になってしまう。

実際には、増えるいっぽうでどんどん死滅もしていくので、一方的に増え続けることはあり得ないが、それでもたいへんな増殖である。

伝染病が、ひとりの患者からあっという間に広まっていくのも、増殖スピードが、こんなに速いからである。

最初の生命〝細菌〟が、いまだ繁栄している秘密

地球最初の生物がいつ頃どんな形で登場したのか、はっきりとはわかっていない。ただし、それが細菌のようなものだったのは間違いないようだ。

細菌は、もしかしたら地球上で最強の

生物かもしれない。なにしろ細菌類は高温低湿、無酸素状態でも生き残れるほどの生命力で、恐竜のように絶滅することもなく、生命誕生以来いまもなお存在し続けているのだから。

おまけに数も多い。土1グラム中に100万から1億個も生存しているし、空気中にも浮遊している。

細菌は、一見原始のままの姿だが、じつは進化している。しかも、その進化速度はほかのどんな生物よりも速く、多様性もある。

たとえば、超好熱菌(摂氏90度以上でも生きる微生物)のタンパク質は、本来、熱で変性しない高分子だった。それが熱で変化するようになったのは、それまで高温だった地球の温度が下がり、熱に耐える必要がなくなったからだ。

環境が変化したのにあわせて、自らを変化させたのである。つまり、環境に応じた進化といえる。

細菌の進化は、三葉虫や恐竜のような進化とはかなり違う。

系統樹に見られるような典型的な枝分かれ式の進化だけでなく、細胞核の有無までに及んでいる。

原始の細菌は、はっきりした核をもたない生物(原核単細胞)だったが、その後、細胞内に核をもった生物(真核単細胞)が誕生し、生物の多様化を生んできたのだ。

進化によってあらゆる環境に適応してきたのが細菌である。まさに「最強の生物」といえよう。

ゴキブリが3億年前から繁栄し続けてきたワケ

台所をはい回っているあの嫌われもののゴキブリは、驚くほど早くから地球上に登場した昆虫である。

最初のゴキブリは、早くも約3億年前の古生代石炭紀に登場したといわれ、事実、石炭紀以降の地層からは、ゴキブリの化石がよく見つかる。3億年もの長きにわたって、ゴキブリの仲間は繁栄し続けてきた。

石炭紀から現在に至るまでの間には、多くの生物が絶滅し、大変動が何度も起こっているが、ゴキブリはそのすべてを生き延びてきた。

そして、人間による環境破壊で、多くの生物が危機に瀕《ひん》している現代でさえ、ゴキブリは、あいかわらず繁栄し続けている。

このたくましさの秘密は繁殖力にある。ゴキブリの個体としての寿命は短いが、繁殖力は恐竜の1000倍以上と推測されている。繁殖力が大きければ、たくさんの子孫を残せるのはもちろん、環境の変化にも強くなる。

たくさんの子孫が生まれると、個性的な遺伝子をもつ個体が現われ、より多様に進化するからだ。おかげでゴキブリは、環境が激変して多くの生物が滅んだときも、新しい環境に適応できるものが生き残ることができたわけだ。

しかもゴキブリには、卵をたくさん産むだけにとどまらず、卵胎生を獲得した種もある。つまり卵をおさめた卵鞘《らんしょう》を産み落とさず、哺育嚢《のう》のなかに保持するという、まるで哺乳類のようなゴキブリもいるのである。

さらにゴキブリには、仲間がいると成長が早くなって、繁殖力がいっそう強くなるという特徴がある。これも、ゴキブリ繁栄の秘密のひとつだろう。

そのほかにも、雑食性でなんでも食べること、体内に栄養を蓄えることができるなどといったことも、ゴキブリの繁栄につながったと考えられている。

電線にとまった鳥が感電死することって、ある？

日本には、電線が空中に張り巡らされている。この電線には、電気が100～200ボルトほどの電圧で流れている。

100ボルトというと、それほど強力そうに思えないかもしれないが、感電死する危険もある大きさだ。

ここで大きな疑問が浮かぶ。なぜ、電線にとまっている鳥は感電しないのだろうか。

たしかに、鳥は同じ電線にとまっている限り感電しない。

電気は電圧の高いほうから低いほうへ流れる性質があり、電線に触れている鳥の両足の間には電圧に差がないため、電気は流れない。鳥の体よりも電線のほう

が流れやすいからだ。

しかし、隣の電線に羽が触ったり、2本の電線に足をかけたりすれば話は別である。電気が体を流れ、鳥も感電死してしまう。

左利きと右利きで寿命が違うって?!

世に出回っている製品のほとんどは右利き用である。それは左利きの割合が全人口の約10パーセントと、圧倒的に少数だからにほかならない。

希少な存在である左利きについて、最近では芸術家肌の人が多いとか、スポーツに有利などとよい話題も増えている。

しかし、左利きの人にとって、ひとつ悪い事実がある。

左利きの人は右利きの人に比べて寿命が短いというのである。

カナダの心理学者スタンレー・コレン氏によると、アメリカのカリフォルニアで亡くなった男性のうち、左利きは寿命が62歳3か月、右利きは72歳10か月だった。女性は左利きが72歳10か月、右利きは77歳8か月だった。

つまり、原因はわからないが、左利きの人のほうが5～10年も寿命が短いというのである。

この結果について、スタンレー氏は「世の中の多くの物品が右利き用にできているために、左利きの人は日頃から多くのストレスにさらされていることが一因ではないか」と分析している。

宇宙では自分の尿が飲み水になるってホント?

水は、人間の生活や生命活動に欠かせない。その事実は宇宙でも変わらない。

宇宙ステーションや宇宙船のなかでは毎日適量の水が使えなければならないし、緊急用に貯蔵しておくことも必要になる。

しかし、水を宇宙に送るには困難が伴う。コップ1杯の水を宇宙に運搬するのに必要なコストは、なんと約30万~40万円にのぼる。これだけ大きな費用がかかるとなると、大量の水をもっていくことは難しい。

では、宇宙飛行士たちはどのように水を工面しているのか。

宇宙では、十分な水を確保するために地上では〝あり得ない〟方法がとられている。

その方法とは、自分たちの尿を再利用することだ。

宇宙ステーションに導入されている水リサイクリングシステムを用いて、人間の尿、さらにはシャワーや洗浄した後の排水などまで濾《ろ》過し、粒子、くず、有機的・無機的混合物、バクテリアやウイルスなどを取り除いたうえで飲料水にしている。

尿を飲むなんて……と思うかもしれないが、浄化された水は、地上で水道から出る水よりも不純物が少なく、きれいなのである。

突然死が多い要注意のスポーツは？

ビジネスパーソンが日頃のストレスも忘れてはつらつと楽しむ大人のスポーツ、ゴルフ。年代を問わずプレーできる人気のスポーツだが、じつは年間200人もがプレー中に突然死する危険なスポーツでもある。

ここでいう突然死とは、心筋梗塞《しんきんこうそく》や脳梗塞などのこと。日々の激務や運動不足、飲酒、喫煙、疲れの影響が残ったまま早朝にゴルフへいくことが発症リスクを高めていると考えられる。

またショットの際の緊張が血圧を上げ、さらに大量の汗や昼食時のビールなどが、脱水症状に陥らせて血管を詰まり

やすくさせているという指摘もある。

楽しいゴルフには、危険が潜んでいると考えたほうがいい。自分の体と相談しつつムリしないことが肝要だ。

プラスチック海洋汚染はなぜ深刻なのか？

海水浴へいくと、海辺を漂《ただよ》うゴミの多さに閉口《へいこう》することがある。この海のゴミ

問題は日本に限った話ではなく、世界的に大問題となっている。

とくに問題視されているのがプラスチックゴミである。プラスチックは基本的に自然界で分解されないため、ひじょうに厄介だ。

サイズが5ミリ以下のマイクロプラスチックの場合、生き物に誤飲されるケースが多い。魚が餌と間違えてマイクロプラスチックを食べ、それを海鳥が食べ、体内に蓄積されているという報告がなされている。

プラスチックじたいは、本来は有害な物質ではないが、海水の有害物質が吸着したり、さらに、マイクロプラスチックに有害物質が添加されていれば、魚介類を食べた人間にも悪影響が出る可能性がある。

現在、年間8000万トンが海へ排出されていると推計されるプラスチックゴミ。プラスチックを減らそうと、いま世界中で対策が進んでいる。

ゴミ問題が宇宙でも深刻な理由

ゴミ問題が世界各地で叫ばれているが、じつは地球上だけにとどまらない。地球の周回軌道上、つまり宇宙空間にも大量のゴミがあり、深刻な問題となっている。

宇宙空間に存在するゴミは「スペースデブリ」と呼ばれ、打ち上げロケットの上段や、故障した人工衛星などの破片からなる。

10センチ以下の小さなゴミを含めると、なんと5兆8000億個も存在すると推定されている。

これらは秒速7キロメートルもの高速で地球のまわりを回っているため、ひとたび人工衛星や宇宙ステーションに衝突すると甚大な被害を及ぼす。

実際、2009年には衛星と衝突事故を起こしている。

現在、デブリを捕獲したり、大気圏に落として燃やしたりするなどの技術が開発されつつあるが、実用化まではまだ時間がかかりそうだ。

キスで、がんがうつるってホント?!

厚生労働省の発表によると、日本人の死因でもっとも多いのは悪性新生物（がん）である。がんのなかでも胃がんは肺がんに次いで多く、日本人の2人に1人は胃がんの原因とされるピロリ菌に感染しているという。

ピロリ菌は、胃などの粘膜に棲みつき、胃炎や胃潰瘍《かいよう》、十二指腸潰瘍を引き起こす。こうした症状が長引くと萎縮性胃炎となり、3人に2人の割合でがんに進行する。

そして驚くべきは、ピロリ菌に感染すると、胃がん発生率が6倍にも跳ね上がるということである。

このピロリ菌の人への侵入経路は口である。つまりキスでも感染することがあるということだ。

愛情表現が、相手に思わぬ災難を与え

る可能性がある。

哺乳類のなかでヒトののどがむせやすいワケ

口から入った食べ物は食道へ、鼻から入った空気は喉頭《こうとう》へと、より分けられて体内に取り込まれる。

食事中、突然むせてせき込んでしまった経験は、だれしもあるだろう。イヌやネなどの食事風景を見ていても、むせることはあまりない。なぜ人間はこれほどむせやすいのか。

じつは人間ののどは、一般的な哺乳類と比べて構造上の欠陥があるという。

人間の食道は気管と接しているうえ、食道と気管は喉頭にある蓋《ふた》によって振り分けられるが、喉頭の位置が低いために、食べ物が容易に気管のほうへいく構造になっている。

もちろん、食べ物が気管に入らないよう、飲み込むときは喉頭にある蓋が後ろに倒れて、喉頭の上部をふさぐようにはなっているのだが、ときに蓋の隙間を通り抜けて食べ物が気管内に入り込んでし

気道と食堂

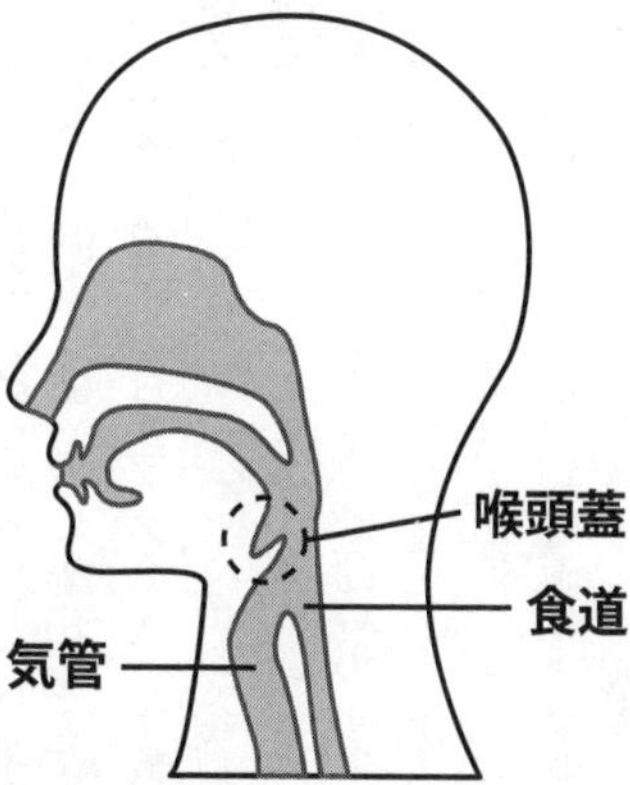

まうことがある。

するとと異物をはじきとばそうとして、強い呼気が生まれる。これが、むせた状態である。

人間は喉頭の位置が低くなることで多彩な音声を操れるようになったのだが、その代償として、酸素と食べ物のより分けがうまくできなくなり、むせやすくなったのだ。

くしゃみのしぶきと新幹線、どっちが速い？

肌寒い季節が訪れると、街中でマスクをして歩いている人をたくさん見かけるようになる。

風邪やインフルエンザの予防のために着用する人もいれば、まわりに病気をうつさないように気を使って着用している人もいる。

くしゃみが出たら、マスクをする人もいるだろう。

ところで人間のくしゃみの速度は、どのくらいだろう。自転車より速いのか、車より速いのか。

いやじつは新幹線よりも速い。

新幹線のおおむねの平均時速は200キロメートル前後、最高時速は、東北新幹線の一部区間で時速320キロだ。

それに対し、くしゃみは時速400キロにも達する。

新幹線の速度をゆうに超える速さで出るくしゃみは、相当のパワーで押し出されている。

宇宙では放射線をどのくらい浴びるのか？

宇宙空間において宇宙飛行士は、さまざまな恐怖に襲われる。そのなかでも、最大の脅威といえるのが、放射線（正確には宇宙放射線＝宇宙線）だ。

宇宙には大量の放射線が飛び交っており、宇宙空間での年間被ばく量はなんと数百シーベルトにも達する。

福島の原発事故以来、「○○ミリシーベルトの放射線量を記録した」といったニュースがよく報道されているが、それとは桁がまるで違う。人間が浴びる放射線量はあまりに多く、放射線を防護する宇宙服を着ていなければ、即死するほどの量なのである。

宇宙ステーションのなかにいたとしても、放射線から完全に身を守れるわけではない。宇宙ステーションに滞在中の宇宙飛行士は、1日あたり1ミリシーベルト程度、1か月では30ミリシーベルトほど被ばくする。

地上で日常生活を送る人の被ばく線量は年間約2・4ミリシーベルトとされているから、宇宙ステーションに滞在中の宇宙飛行士は、1日で地上での約半年に相当する放射線を浴びていることになるのだ。

突然、人を襲う「11分間隔の睡魔」の謎

動物の睡眠にはふたつのパターンがあるといわれている。1日のうちに短い単

位で何度か睡眠をとる「多相性睡眠」と、まとめて一度に睡眠をとる「単相性睡眠」である。

1日のうちのかなりの時間を会社や学校で過ごす現代人は、単相性睡眠であることがほとんどだが、じつは本来ヒトは多相性睡眠だといわれている。

仕事や勉強と無縁の赤ちゃんが、1日に何度も睡眠と覚醒《かくせい》を繰り返すという睡眠パターンをとっていることからもわかるだろう。

人間の睡眠の特徴はそれだけではない。「フラッシュ睡眠」と呼ばれる、本人が自覚できないくらい短い睡眠がある。

たとえば車を運転中、「あれ？　ちょっと記憶がない」「いまボーッとしていた」とわれに返り、冷や汗をかいた経験はないだろうか。

これは、フラッシュ睡眠状態にあったと考えられるのだ。フラッシュ睡眠とは、睡眠が不足している状態のときに起こる、ごく短時間の眠りのこと。

このフラッシュ睡眠が「11分間」に1回の割合でやってくるという説がある。どんなに気をつけていても、居眠りの誘惑に襲われる可能性があるというのだ。

この眠気は、通常は数秒間だけの、本当に短い眠りである。そのため、ほとんどの人は、自分がいま眠気を感じたという自覚さえない。

しかし、そのときの脳波を見てみると、脳の活動の低下を示すアルファ波やシータ波が出ている。つまり、注意力や判断力が落ちている状態だというわけだ。

通常は、数秒間の短い眠りのために、何事もなく終わるわけだが、悪条件が重なれば事故になる可能性をはらんでいる。

オナラをがまんするとガスはどうなる?

人前でオナラをするのははばかられ、なんとか我慢するものだ。だが、我慢したオナラはどうなるのだろう。

オナラは、小腸で消化されなかった食べ物を大腸の細菌が分解する際に発生するガスである。ガスは腹部腸内にたまり、肛門括約《かつやく》筋が緩むと放出される。

放出されないガスは大腸の粘膜から吸収され、循環器系によって処理される。

しかし、量が多いと小腸まで逆流して吸収され、血液に入ることになる。

血液によって運ばれたガスは、さまざまな組織で代謝される。その一部はなんと肺に運ばれて呼気として排出されている。オナラが口から出るとは想像したくないが、気づかないうちに出ている可能性がある。

また、肝臓で尿に溶けて排出されたりもする。

つまり、オナラは我慢したとしても、なんらかの形で体外には排出されているのである。

オシドリはほんとうに「おしどり夫婦」なのか?

「おしどり夫婦」という言葉があることからわかるように、オシドリは仲のよい夫婦の象徴である。

しかし研究によると、オシドリは一夫《いっぷ》一妻《いっさい》制だが、相手は毎年変わっているのだという。

1～2月にかけて日が長くなるとオシドリたちは水辺に集まって群れをなし、つがいをつくる。このつがいは越冬すると解消され、また年が明けると新しい相手を探しはじめる。

つまり、オシドリの夫婦関係は冬を越えないのである。

それどころか、繁殖が終わるとオスはどこかへ去り、子育てはメスだけが担当する。人間社会に置きかえると、とんだ夫ということになる。とても「おしどり夫婦」とは思えない関係、それがオシドリである。

睡眠中にときどき息が止まる人とは？

肥満者や高齢者などに多い睡眠障害に、「睡眠時無呼吸症候群」がある。文字どおり、睡眠中に呼吸をしなくなる病気である。

これを発見したのは、アメリカの睡眠学の研究者ビル・デメントだ。

あるとき、デメントのもとに、30歳の男性が訪れ、「毎晩、ひどい不眠と自分のいびきに悩まされている」と訴えた。

そこでデメントは、一晩じゅうその患者のそばについて、観察してみることにした。

するとその患者は、眠りについてまもなく、なんと呼吸が停止した。

そして約100秒間、息が止まった状態が続いたあと、息苦しさからか一瞬目を覚まして、大きく息を吸い込み、すぐまた眠りについた。これを一晩中繰り返したのである。

1回に目覚める時間は一瞬だから、本人には、目が覚めたという自覚はない。だが、一晩に何度も目が覚めるわけだから、当然熟睡はできず、翌朝は不眠感が残る。

また、本人のいういびきとは、目覚めたときに大きく吸い込む息の音だった。

この病気の原因は、たとえば肥満者の場合、のどについた脂肪が睡眠中にたるんで、気道を圧迫するなどである。

また、赤ん坊は、睡眠中に突然死することがあるが、これも、睡眠時無呼吸症候群で呼吸が止まったときに目覚めて呼吸を取り戻すことができず、窒息死してしまうのではないかと考えられている。

戦時下では傷口の血が止まりにくくなる理由

戦争中は戦傷者がたくさん出る。ケガをすれば、できるだけ早く止血しなければならない。

ところが、困ったことに、こういう状況のときに限って、出血が止まりにくいということがわかっている。

この事実が最初に発見されたのは、1941年。第二次世界大戦で、ロンドンがドイツの空爆を受けたときである。

爆撃で壊れた建物から傷だらけで救出された人々は病院に運ばれ、傷口を縫合《ほうごう》する手術を受けたのだが、このとき縫合した縫い目や糸の穴からいつまでも血が流れ出て止まらなかった。

この出血は、「ウージング」と呼ばれ、血液学の権威であるオックスフォード大学のマクファーラン教授らが突き止めた。

血液は、空気に触れると固まる性質があるので、出血しても自然に血が止まる。だが、固まった血（血栓）がいつまでもそこにとどまっていては、血の流れが止まってしまう。そこで体は、止血に成功するとすぐ、血栓を溶かそうとする（線溶《せんよう》）。

人は恐ろしい目にあうと、恐怖心が血管に作用し、血が固まりやすくなる。恐怖のためにショック死するというのは、血栓ができやすくなるため、心筋梗塞が起こりやすくなるのが一因だ。

そのいっぽうで、恐怖心は、交感神経を興奮させて、線溶を起こしやすくなる。

このふたつが協調してバランスを保っているのが平時のときなのだが、戦争は極限状態。最大級の恐怖のもとでは、バランスが崩れて、線溶より血栓形成のほうが早く起こって心筋梗塞が起こりやすくなったり、逆に、線溶のほうが早く起こって出血が止まりにくくなったりするのである。

牛乳を毎日飲むと背は伸びるのか？

飲むと背が伸びる、という理由で子ど

もの頃にたくさん牛乳を飲んだという人は多いだろう。

しかし科学的には、牛乳を飲んだからといって身長が伸びることはない。牛乳に含まれているカルシウムは、骨を強くするものの、背を伸ばすようには作用しないのである。

背を伸ばすのはカルシウムではなくタンパク質。さらに、ビタミンやミネラルも欠かせない。

結局、背を伸ばすには、牛乳を大量に飲み続けるよりも、栄養のバランスがとれた食事を摂取することのほうが大切なのだ。

このほか、適度な運動をおこなうことや、しっかり睡眠をとることも大切だといわれている。

働きバチと人間、労働時間が長いのは？

働きすぎの日本人はよく「働きバチ」にたとえられる。しかし、当の働きバチの実働時間は意外に短い。

働きバチは若いうちは巣のなかで働くので朝も夜もないが、蜜や花粉を集めに外に出はじめると、夜は巣のなかで休憩するようになる。

休みなく花に通い続ける働き者もいれば、午後からしか働かない怠け者もいて、労働時間の平均は1日6時間ほどだという。

ただ、人間と違って働きバチに休日はないため、餌の時間などを引いた実働時間は6時間×7日＝週42時間となる。

人間を8時間×5日＝40時間とすると、働きバチと人間の週当たりの労働時間は、ほぼ同じということになる。

ハチの世界にも働き者と怠け者がいるあたり、人間と似ていておもしろい。

スルメイカは産卵すると、スルメのように干からびる?!

日本でおなじみのイカといえばスルメイカだろう。日本近海に棲息《せいそく》する固有種で、漁獲量が多いため、安くて手軽な食材として刺身、煮物、イカ飯などさまざまな料理に使われている。

じつは、このスルメイカのメスは巨大な風船状の卵塊《らんかい》を産み落として産卵を終えると、文字どおりスルメのように干からびてしまうのだ。


産卵に精力を注ぎ込みすぎるために、やせ衰えて肉が薄くなる。「皮イカ」と呼ばれる状態である。そして、そのまま死んでいく。

なんとも悲しい話だが、さらに悲しいのはこの「皮イカ」を市場で見かけないこと。中身がスカスカでおいしくないため、見向きもされないのである。

人体にある、意味がまったくない臓器とは？

人体は驚くほど綿密に計算され、合理的に進化したといえるが、じつはなんの役にも立たない邪魔な臓器をもっている。それは虫垂《ちゅうすい》だ。

厄介なことに、虫垂はなんの働きもしないうえに、虫垂炎という病気を引き起こす。

炎症を起こすと腫《は》れあがって動脈を圧迫し、血液の供給を阻害する。すると細菌が増殖して虫垂が破裂し、最悪の場合、おなかのなかに細菌や病原菌を広げてしまう。

役に立たないばかりか、病気まで引き起こす臓器をなぜもっているのか。

そもそも虫垂は盲腸の先端にある5～10センチほどの管状の臓器で、哺乳類の祖先が栄養価の低い植物性食物を消化するために使われていた。

ウサギなど多くの哺乳類の盲腸は、いまも消化器官として役目を果たしているが、人類は長い歴史を経て、栄養価の高い食生活となり、いまでは植物を消化する必要がなくなったのである。

缶詰のみかんは、なぜ薄皮がきれいにむけている？

みかんは分厚い皮で覆われており、その皮をむくとさらに薄皮で覆われている。

この薄皮を手でとろうとしても、なかなかきれいにはとれないが、缶詰のみかんは薄皮がまったくなく、ツルツルとしている。

缶詰工場に送られたみかんは、まず外の皮をむかれて1房ずつに分けられる。それを0・4パーセント程度の水酸化ナトリウム溶液に20分ほど漬け込む。

こうすることで薄皮はやわらかくなり、ほかのみかんと擦れるうちにはがれていく。そして最後に水で40分ほど洗い流すと、薄皮はすっかりきれいになくな

るのである。

薬品を使うと健康に悪いのではないかと心配になる人もいるかもしれないが、この作業で使われる薬品は、濃度がとても薄い。

また、最後に念入りに水で洗い流されているため、安全面では問題ないとされている。

この技術が商業用に使われだしたのは、意外に古く、大正12（1923）年のこと。広島県の加藤正人という人物がはじめたといわれている。それから90年以上もの間、この方法でみかんの缶詰がつくられ続けているのである。

美白化粧品は、どうやって白くしている？

老化とともに、人間の顔にはシミが増えてくる。シミの原因は、紫外線から肌を守るためにつくられるメラニンという黒い色素である。日焼けして黒くなった肌も同じくメラニンが原因だ。シミは日焼けにより過剰にできたメラニンが、肌細胞に沈着したものである。

では、シミに効果があるとされる美白化粧品は、どのようにして肌のなかにあるメラニンに作用するのか。

美白化粧品にはアルブチンやコウジ酸といった成分が配合されている。これらはメラニンの生成を促す酵素・チロシノーゼの活性化を抑えてくれる。

つまり美白化粧品は、メラニンを消すのではなく、生成を抑えて予防するための化粧品である。「美白」という響きから、いまあるシミが消え、白くなると勘違いしている人がいるが、それは誤解である。

かわいらしい「えくぼ」はどうやってできる？

にっこり笑った頬に、ちっちゃなかわいいえくぼ……。女性のチャームポイントとして受け入れられているが、これは日本だけのこと。海外ではえくぼは欠点に数えられることが多い。

それというのも、えくぼができるしくみがわかると、「なるほど！」と思うだろう。あれは顔の筋肉のひきつけみたいなものだからだ。

人間の顔は16対もの顔面筋があり、人間はこの筋肉を縦横無尽《じゅうおうむじん》に使って表情をつくっている。この顔面筋は骨と皮膚とをつなぐ特殊な筋肉。網状組織になっていて皮筋と呼ばれているものだ。

笑ったときには、この皮筋のうち、口の左右からアゴに向かって走っている部分が縮むのだが、それがスムーズに動かなくてできるのがえくぼである。

人によって浅かったり深かったり、いっぽうだけに浮かんで見えたりする（片えくぼ)。

また外見からはわからない人もいる。一説では、見えるか見えないかは別にして6割にえくぼができているという。かなりの割合である。

このえくぼ、遺伝的要素が強く、両親ともえくぼがある場合は4分の3の確率で、どちらかいっぽうの親だけだと2分の1の確率で、えくぼのできる子どもが生まれるといわれる。

また、両親ともできなくても、10人に1人くらいは、えくぼのできる子どもが生まれているというから、全体の6割にできるという数字も納得できる。

⑧
知って得する
暮らしの「なぜだろう」

歯をしっかり磨いても虫歯になる原因は？

「食事が終わったら、すぐに歯を磨きましょう」

子どもの頃から耳にしているセリフだろうが、何度いわれても実行するのは難しい。

忙しいサラリーマンなどは、とくにそうだろう。朝起きたときと寝るまえの2回歯磨きするのもめんどうなのに、昼食のあともとなると、なかなかできるものではない。

でも、虫歯菌をたっぷり含んだ歯垢《しこう》のことを考えると、やっぱり歯磨きはしておきたいもの。歯垢は、歯を磨いてから6時間以内に形成されはじめるからだ。

とくに歯垢は、昼間より夜のほうがより早くできる。夜眠っている間は、昼間に比べて唾液の分泌が少なくなるからだ。眠る前に歯磨きしても、翌朝の歯磨きまでには歯垢が形成される計算になるのである。

歯垢を防ぐには、できるだけ歯磨きをするしかないのである。

卵酒を煮立たせると効能がなくなる理由

「風邪のひきはじめに卵酒を飲むと効く」とむかしからいわれてきたが、これには科学的根拠がある。

卵酒に含まれる卵白には、リゾチームという、ウイルスを除去したり、炎症を起こしたのどの粘膜を保護したりする作用があり、いっぽう日本酒には体を温めて熟睡させる働きがあるからだ。

市販されている風邪薬を見てほしい。塩化リゾチームという成分が記載されているのはこのためである。

しかしリゾチームは熱に弱い性質があり、卵酒をつくるときに煮立ててしまったら、せっかくの効能が台無しになる。

そこで、最初に日本酒だけを火にかけ、沸騰寸前に火からおろして、溶き卵を少しずつ加えてのばすように混ぜるのがコツである。

ぬか床はなぜ混ぜた方がいいのか?

最近は発酵食品が見直されてか、ぬか漬けを自らつくる人が増えているという。

ときどき手でかき混ぜ、上と底にある野菜を入れ替える。

ぬか床をかき回すと、手がぬかみそ臭くなるので横着したいところだが、ここで手を抜いてはいけない。この作業は、ぬか漬けをつくるために重要な工程である。

ぬか漬けは、流動性のないぬか床に漬かっているので、空気に触れる表面近く

と、酸素の少ない底のほうとで、菌の棲《す》み分けが起こる。

酸素の少ない底のほうは、乳酸菌と酵母菌が繁殖しているが、酸素のある表面近くではカビが乳酸菌を食べて、乳酸菌の数が減ってしまう。しかも乳酸菌と共存している酵母菌までが、乳酸菌を食べはじめてしまう。

乳酸菌は乳酸をつくってぬか床を酸性に保つので、乳酸菌が減ってしまえば、ぬか床はアルカリ性に傾いていく。

すると腐敗菌が発生し、結果、漬物を腐らせてしまうことになるのだ。

腐敗菌は、酸性の場所や酸素のないところでは増殖できない。そこで、腐敗菌が増えないうちに、ときどきぬか床をかきまぜて、上と下を入れ替える必要があるわけだ。

静電気の正体はいったいなに？

セーターを脱ごうとしたらパチッ、車のドアを開けようと手をかけたとたんにビリッ。なんとも静電気は不快である。

静電気は摩擦電気とも呼ばれる。物体どうしがこすれ合ったとき、そこに生じる電気だからだ。

ではなぜ、ものがこすり合うと電気を帯びるのか。

物質はすべて原子からできていて、原子はプラス電荷《でんか》をもつ陽子とマイナス電荷をもつ電子から成り立っている。

この陽子と電子はひとつの物質のなかでは、同じ数ずつでつり合いを保っているが、異なるふたつの物質がこすれ合うと、それぞれのつり合いが崩れ、電気が起こる。

エネルギーの大きいほうから小さいほうへ、電子が移動しようとするのだ。これが静電気の正体である。

プラスどうし、マイナスどうしは反発し、プラスとマイナスは引き合うという電気の性質がある。

つまり、マイナスとプラスにそれぞれ帯電したふたつの物質は引き合おうとする。それをムリに離そうとすると、電子が元に戻ろうとしてパチッと火花を散らしているわけだ。

車のドアにさわったときビリッとくるのは、衣服などの摩擦で体にたまっていた電子が、電気を流しやすい金属製のドアに移動するために、人の体を流れるからである。

冬に静電気が多いのは、湿気が関係している。

湿度の高い夏は電気が逃げやすいが、湿気の少ない冬はなかなか電気が逃げず、帯電したままになりがちである。

だから、知らず知らずのうちに服に電気がたまっている状態なので、なにかに触れた拍子に静電気が発生しやすいのである。

焼酎は日本酒より なぜ二日酔いしにくい？

年末年始は飲み会が増えるが、翌朝の二日酔いを考えると気が進まない人もいるだろう。そんなとき強い味方となるのが焼酎だ。

アルコール度数15度ほどの日本酒と、20～25度ほどの焼酎なら、度数の低い日本酒のほうが二日酔いになりにくいように思われるが、実際は、焼酎のほうが二日酔いになりにくい。

189ページでも紹介したが、二日酔いの原因は、肝臓がアルコールを分解するときに生成される有害なアセトアルデヒドにある。

アセトアルデヒドにはさまざまな形状があり、その種類が多いほど分解酵素の種類もたくさん必要で、分解に時間がかかってしまう。

日本酒には8種類ほどのアセトアルデヒドが含まれているが、焼酎は1種類しか含まれていない。

したがって、焼酎のほうが分解されやすく、翌朝には残りにくいのである。

魚の臭みは、なぜ牛乳で消えるのか？

ムニエルとは、魚に小麦粉を薄くまぶしてバターで焼く魚料理である。

おいしいムニエルをつくるコツは、魚の生臭みをとっておくこと。そのためには、下処理として魚を10～20分くらい牛乳につけておくとよい。

魚にはトリメチルアミンオキシドという化学物質が含まれている。

この物質は代謝の過程で生成されるが、生きている間は臭わない。

しかし、魚介類が死んでしまうと、トリメチルアミンという物質に分解され、その結果、生臭くなってしまうのだ。

では、なぜ牛乳につけるといいのか。

これは、牛乳に含まれているカゼインがトリメチルアミンの生成を防いでくれるから。

また、牛乳のなかにはタンパク質や脂肪の粒子がコロイド状（粒子の大きな物質が水に溶け込んでいる状態）に分散している。これらの粒子は表面積が大きく、粒子を吸着する働きがあるため、魚の生臭みも吸着してくれるというわけだ。

香草をまぶした舌平目のムニエル

虫歯がうずきだす魔の時間がある?!

昼間、少しうずいていた虫歯を、たいしたことはないと思ってそのままにしておいたら、夜中にひどく痛くなって目が覚めた——。そんな経験はないだろうか。

その時間は、もしかすると明け方の3時から5時の間ではないだろうか。

これは、痛みをもっとも強く感じる時間帯が、1日をサイクルとして、明け方にやってくるためである。

虫歯に限らず、痛みは、ある程度の刺激があってはじめて「痛い」と感じるのだが、この痛みを感じはじめる刺激の度合いを「閾値《いきち》」という値で表わす。

この数値が高いほど痛みを感じるのが遅くなり、逆に低いほど少しの刺激で「痛い」と感じる〝魔の時間〟ということになるのだ。

1日のうちで「閾値」がもっとも低い時間帯が、午前3〜5時である。そのため、昼間たいしたことはなかった痛みも、明け方には強く感じることがあるわけだ。

同じように、偏《へん》頭痛や筋収縮性《きんしゅうしゅくせい》頭痛も、朝方に起こることが多い。

それでは、逆に閾値がもっとも高く痛みを感じにくい時間帯はというと、午後3時頃で、朝方の数値に比べて50パーセント近く高くなる。

冷たい卵をすぐにゆでてはいけない理由

ゆで卵をつくるとき、冷蔵庫から出してすぐの卵をゆでて、失敗した経験のある人がいるはず。

物体は加熱すると膨張し、冷やすと収縮する性質がある。

卵の殻《から》は厚さにムラがあり、冷蔵庫で冷えた状態から一気に加熱すると膨張にムラができ、薄い部分の殻が割れて、中身が流出してしまうのだ。

また、煮立った湯からゆでるのもよくない。卵と湯の温度差が大きすぎて、これまた殻が割れてしまう。

ゆで上がった卵を湯のなかに入れたままにしておくのもよくない。殻に白身がくっついてうまく殻がむけなくなってしまうからだ。

ゆで上がったらすぐに冷水に入れると、むきやすくなる。

急激に冷やすことで、殻と中身は収縮するが、そのスピードにズレが生じる。殻と中身の間の膜に、中身から出てきた蒸気が冷えて水分となってたまり、白身と殻がくっつくのを防いでくれるのである。たかがゆで卵だが、奥が深いのである。

午前中の視力検査は普段よりよく見える?!

目や耳の感度は、1日のうちで、周期的に鈍くなったり鋭くなったりを繰り返している。

一般的に、目や耳の感度がもっとも高いのは午前中だ。

午前中は、ほかの時間帯に比べて色をはっきりと識別でき、聴覚も鋭くなる。

ということは、午前中に視力検査をしたほうが、少しはよい結果が出る可能性がある。

また、頭がもっともよく働く時間帯という研究結果もあるから、それに伴って

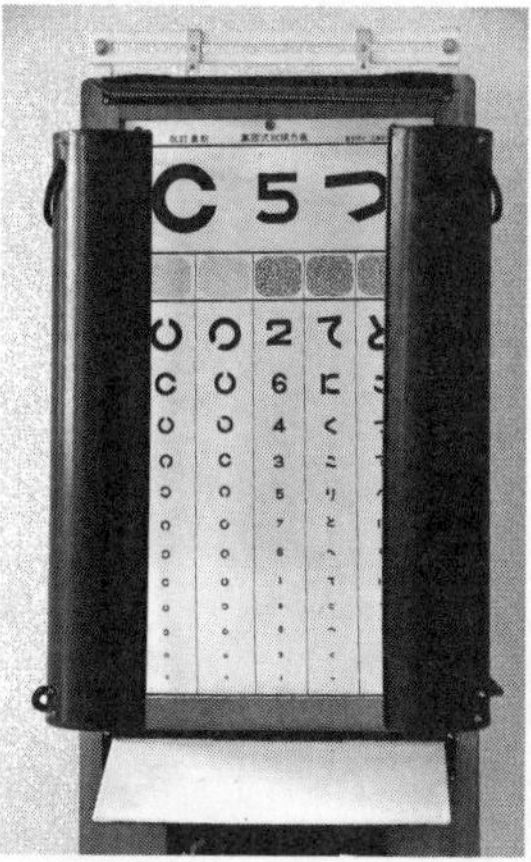

感覚も鋭くなるのは、なんとなくわかるだろう。

これに対して、目や耳の働きがもっとも鈍くなるのは、午前2～5時までと、午後1～3時までの時間帯だ。この時間帯は、眠気がもっとも強くなる時間帯でもある。

ただし、このリズムは体調によって前後する。たとえば、ひどく疲れていれば午前中でも感覚が鈍くなるし、逆に、何かに熱中し、集中していれば、昼下がりでも、そうはならない。

人間の体は単純ではなさそうだ。

青魚と白身魚では塩をふるタイミングが違う?

魚の塩焼きは魚のおいしさをシンプルに味わう料理で、魚の持ち味を引き出す決め手は、塩のふり方にある。

塩をふるのは味つけよりも、塩の働きによって魚の水分を引き出し、身をしめて旨味をとじ込めることにある。

大事なことは魚の両面に塩を均一にふることで、塩の量は魚の重さの2～3パーセントが目安。

塩は魚の表面の水分を吸って溶け、塩分が濃くなると、今度は中身の塩分と均一にしようとする浸透圧《しんとうあつ》が働き、魚の水分が引きだされて身がしまると同時に生臭さをも消す作用が働く。焼いてもくずれにくくなり、表面が早く焼けるので旨味が逃げ出さない。

塩をふるコツは、魚の種類によってタイミングを変えること。

サバ、アジなどの青魚は、水分や臭みが多いので、塩をふってから20～30分ほどおく。甘ダイやタラなど白身魚は、水分も臭みも少なく、身がしまりやすいため焼く直前に塩をふるといい。

白身の魚は、塩をふって長時間おいてしまうと水分が抜けすぎてパサパサになり旨味まで抜けてしまう。

熱が出る時間帯の法則とは？

風邪をひいて熱が出た場合、夕方から夜にかけて熱が出ることが多いだろう。午前中は熱がなかったのに、午後になると熱っぽくなることがある。

この時間による差は、人間の体は1日のなかで、発熱しやすい時間帯が決まっている証《あか》しである。

たとえば、ウイルス感染による発熱は、おもに午後から夜（午後2～10時くらいまでの間）にかけて起こることが多い。

同じ発熱でも、これが細菌性のものになると、時間帯は変わってくる。だいたい午前5時から正午までといった午前中に発熱する場合が多いのだ。

ケガなどをした傷口から細菌が入って熱が出るなどという場合は、たいてい午前中に熱が出やすい。

これは、体のなかの免疫系がもっとも活発に作用する時間帯に関係がある。ウイルスに対する防御機構が活発に活動する時間帯と、細菌に対する防御機構が活発に活動する時間帯が違うために、熱が出る時間に差が出てくるわけだ。

熱が出る時間帯も、その原因によって一定のパターンがあるのだ。

ステーキはなぜ強火で一気に焼くといいのか？

フライパンで焼くステーキ肉も鉄板で焼く焼き肉にしても、軟らかさと旨味が味の決め手だ。

牛肉は加熱すると、タンパク質のコラーゲンが凝固し、肉全体が縮んで肉汁や脂肪が溶け出し旨味も失われてしまう。そこで、「肉は強火で一気に焼くのがいい」といわれる。

だが、ずっと強火で焼いていては、なかまで火が通る前に表面だけが焦《こ》げて、表面のタンパク質の組織が変形して肉はどんどん硬くなっていく。

肉は、最初は強火で1〜2分焼いたら火加減を弱め、肉の中心温度が摂氏65度を超えないように焼くのがコツ。なぜなら65度を超えると、旨味成分の肉汁がどんどん流出していくからだ。

これは、肉の繊維を束ねているコラーゲンの膜が65度を超えると一気に縮んでしまうことにある。

では、肉のなかが65度になるのをどう判断するのか。

肉は65度に近づくと、表面にジワジワと肉汁が浮き上がってくる。この肉汁が目安になる。これが見えたら肉を裏返し、裏側の表面にも肉汁がうっすらと浮かんできたら焼き上がり。

これがステーキでもっともおいしいとされるミディアム・レアの焼き加減であ

る。表面は香ばしくカリッと、なかはジューシーに仕上がる。

ちなみに、レアは55～65度、ウェルダンが70～80度、ベリーウェルダンが90～95度である。

天ぷらの衣は、揚げる直前に冷水でつくる理由

天ぷらはカラッと香ばしく揚げたいが、衣がベタッとなってしまうことが多い。失敗の大きな原因となるのは、衣のつくり方だ。天ぷらの衣はふつう、冷水に卵を割り入れて混ぜ、そこに小麦粉を加えてつくる。

このとき、天ぷらの具材をつけたら、長い時間をおかないことだ。

小麦粉にはデンプンを分解するアミラーゼ、タンパク質を分解するプロテアーゼという酵素が含まれていて、この酵素は水分と温度で活発に働き、デンプンやタンパク質の分子を解きほぐしてグルテンをつくる。これが粘りのもとである。

しかも、時間を置いてしまうと、さらに粘りが強く出てしまう。

もうひとつ、粘りを出さずカラッと揚げるコツがある。

卵と小麦粉に混ぜる冷水に、ビールを加えるといい。ビールに含まれている二酸化炭素の泡が、衣から水分を抜けやすくするため、天ぷらがカラッと揚がる。

また、ビールに含まれているアルコールの成分が、魚介類などの生臭さを消す働きもするので、まさに一石二鳥である。

碁石の「にぎり」に起こる奇数と偶数の確率の不思議

つまんだ碁石の数が、奇数か偶数かをいい当てることで、対局の先手を決めることを「にぎり」という。その場合は奇数のほうが、わずかに有利になる。

「そんなバカな」と思う人がいるかもしれないが、事実である。

たとえば、碁笥《ごけ》（碁石を入れる丸い容器）のなかに、碁石が2個だけ入っているケースを考える。

すると、起こり得る場合は、1個つかむ（奇数）のが、それぞれの碁石をつかむ2通り、2個ともつかむ（偶数）のが、1通りとなる。

だから、碁石が2個なら、にぎられる石の数は、2対1で奇数の確率のほうが大きくなるのである。

次に、碁笥のなかに3個入っているとすると、つかみ取りで起こり得るケースは、1個つかむ（奇数）のが3通り。2個だけつかむ（偶数）が3通り。3個すべてつかむ（奇数）が1通り。

したがって、碁石が3個でも、にぎられる石の数は4対3で、やはり、奇数になる確率のほうが大きいのである。

さらに、碁石の数が5つなら、16対15、碁石が6つなら32対31、10個なら512対511となる。いくらやっても、奇数のほうがちょっと有利であることには変わりはない。

これは、にぎりに「0個」をつかむという行為が許されないからである。そのため、つねに0個（偶数）の場合が、1通りぶんだけ少なくなるわけだ。

電子レンジを使うより石焼き芋のほうが甘いワケ

秋に欠かせない食べ物のひとつといえば焼き芋だろうか。焼き芋は家庭の電子レンジでつくるよりも、石焼きのほうが断然甘くなる。

サツマイモを加熱すると甘くなるのは、サツマイモに含まれるベータアミラーゼという酵素による。

熱が加わると、この酵素がでんぷんを麦芽糖などの糖分に変えるため甘味が出るわけだ。

このベータアミラーゼがもっとも活発になるのが、摂氏50度前後のときだ。

電子レンジでは、短時間で高温になるため、サツマイモが50度前後になるのはごくわずかな時間に限られる。それに対し、石焼きの場合は、石の保温性を利用してじっくり焼き上げるため、長時間適温を保つことができる。

だから、焼き芋は電子レンジで加熱するよりも石焼きにしたほうが甘くなるのである。

夏に降るひょうは、冬のあられとどう違う？

ひょう（雹）は初夏に多く、秋に降ることもある。冬ではなく、初夏に氷が降ってくるというのは、なんだか妙な気がするが、冬のはじめなどに見られるあられ（霰）と、どこが違うのだろうか。

ひょうとあられは、本質的に同じもの。空から降ってくる氷の塊《かたまり》のうち、直径5ミリを境にして、それより大きいものが「ひょう」、小さいものが「あられ」とされている。大きさによって呼び方が違うにすぎない。

ひょうにはずいぶん大きなものがあって、ときには、数センチメートルから10センチのものもある。

では、どうしてひょうは、そんなに大きくなるのだろうか。

ひょうは積乱雲のなかでできる。積乱雲の内部では、毎秒何十メートルという強い上昇気流があり、雲のなかでできた氷の粒は、雲のなかを落下したり、上昇気流に吹き上げられたりを繰り返しながら、長い時間浮かんでおり、その間にどんどん成長（大きくなる）するのだ。

空気の抵抗でふわふわ落ちてくる雪と違って、ひょうの落下速度は、大きなものほど速い。直径1センチで毎秒14メートル（時速約50キロメートル）、直径5センチでは毎秒32メートル（時速約115キロ）になるといわれている。

大きな氷の塊がそんな速度で落ちてくるのだから、運悪く当たれば、ケガをするぐらいの威力はある。

リンゴの切り口が時間とともに変色する理由

リンゴを切って、時間を置くと、切り

口が茶色く変色してしまう。見た目の悪さから、なんとなく気になるものだ。しかしこれは劣化したわけではないし、無論、味が変わるわけでもない。

この茶色の物質の正体は、ポリフェノールという成分である。

ポリフェノールは通常時は無色だが、空気中の酸素に触れると、消化酵素のポリフェノールオキシダーゼが化学反応を促進させ、結果、茶色くなる。

この原理を知っていれば、リンゴを変色させないような工夫もできる。

たとえば、切ってすぐに塩水に浸けたり、ハチミツを塗ったりすると変色しないのだ。

また、レモン汁など抗酸化作用のあるビタミンCを多く含んだものを塗るのも、変色対策に有効である。

ダチョウの卵をゆで卵にするのにかかる時間は？

世界でいちばん大きい鳥であるダチョウは、もちろん卵も世界一大きい。

見慣れている鶏卵が1個約60グラムほどなのに対して、ダチョウが産む卵は、最低でも８００グラム、大きければ１５００グラムと鶏卵の25倍の重さだ。

ではこの卵をゆで卵にしたら、どのくらいの時間が必要なのだろうか。

ふつうの鶏卵でゆで卵をつくるなら、ゆではじめてから10分くらいが少し固めの半熟状態で、もっともオーソドックスなゆで方。サラダなどに使うために固ゆでにするなら12分が目安である。

これがダチョウの卵の固ゆでとなると、ゆうに2時間はかかる。

これだけの時間をかけても、味はふつうの鶏卵とそんなに変わらないというから、割りほぐしてオムレツをつくったほうが手っ取り早いかもしれない。

この場合、1個でたっぷり12人ぶんはつくることができるという。

レタスは包丁を使わず手でちぎるとよいワケ

サラダなどでレタスを使う際、包丁でまるごと切ったうえで盛りつける人がいるだろう。

しかし、葉の根元から手で1枚ずつはがしたほうがよい。味はおろか、食感や見た目も違ってくる。

たかが切り方がそこまで影響するものかと疑問に思うかもしれないが、科学的な根拠がある。

包丁で切った場合、レタスの細胞膜を刃先で分断することになるため、細胞に含まれていたビタミン類や旨味が流れ出てしまうからだ。

さらにレタス特有のシャキシャキ感が損なわれるほか、レタスに含まれるポリフェノールが包丁の鉄分によって酸化し、切り口が赤茶色に変色する。

つまり包丁で切ると、味が落ち、かつ食感や見た目も悪くなるのだ。

「百薬の長」といわれる酒、適量なら体にいい？

お酒は「百薬の長」などといわれることもあれば、逆に「命を削るカンナ」ともいわれる。胃腸や肝臓を痛めるなど、健康を害するからだ。

「いったいどっちなの？」と首をかしげたくなるところだが、早い話、飲む量の問題である。

適量のお酒は、たしかに心臓の働きを活発にして、血行をよくする働きがある。血行がよくなると肌の調子もよくなり、肩こりや生理痛などの予防にもなる。

さらに近年では、お酒に善玉コレステロールを増やす働きがあることがわかり注目を集めている。

善玉コレステロールは、動脈硬化や心筋梗塞などの原因となる余分な悪玉コレステロールを取り除いてくれる重要な物質だ。

血行をよくし、善玉コレステロールを増やすという働きによって、生活習慣病の予防に一役買ってくれるのである。

実際、心筋梗塞や狭心症による死亡率は、お酒を飲まない人より飲む人のほうが低いという調査報告もある。

また、ストレスによって起こる心臓の発作も、お酒を飲んでいる人のほうが起こりにくいといわれている。

ただ、これらはお酒を分解する酵素を生まれつきもっている人（いわゆる下戸《げこ》でない人）が適量を守り、胃や肝臓をいたわって飲んだ場合の話。

酒の量が増えれば、死亡率も上がるというデータもあり、お酒は諸刃の剣でもあることは事実だ。何事も中庸《ちゆうよう》が肝心である。

ジャガイモを長持ちさせるリンゴのパワーとは？

野菜を保存するとき、冷蔵庫のチルド室に置いておくのが一般的だが、ジャガイモの場合は、暗くて涼しい場所に常温保存するほうが長もちする。

それだけでなく、リンゴを一緒に置いておくとさらによい。

それはリンゴが発するガスのおかげ。ジャガイモをそのまま放置しておくと芽が生えてくるが、リンゴが発するエチレンガスは、ジャガイモの発芽を抑制する。

エチレンは、植物の細胞壁の分解にかかわるセルラーゼなどの酵素の合成を誘導する性質があり、通常では植物の細胞壁を破壊するために保存には向かないとされている。

しかし、ジャガイモに対しては細胞休眠状態を促し、成長を抑制するように働く。つまりジャガイモの発芽が抑制されて、芽に無駄な栄養を送らないので、結果としてイモ本体の品質が長もちするのである。

ダイコンをおろすと辛くなる理由

三浦ダイコンや桜島ダイコンなど、ダイコンにはさまざまな品種がある。しかし料理をする人にとって、ダイコンは大きな疑問を抱かせる野菜でもある。

ダイコンをふつうに食べると甘味がありみずみずしいが、大根おろしにした途端に辛味が強くなる。すりおろすだけなのに、なぜ味が変わるのだろうか。

その答えは、ダイコンに含まれるイソチオシアネートにある。

イソチオシアネートとは、わさびやカイワレ大根にも含まれている辛味成分。

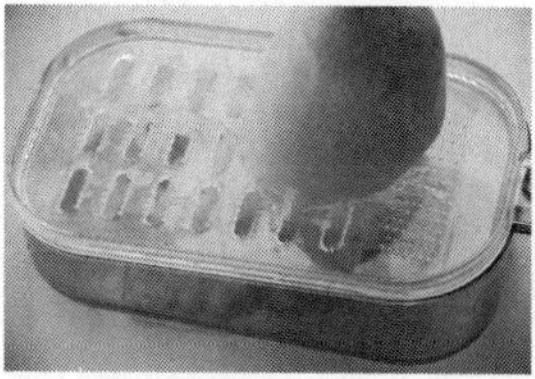

通常は細胞のなかにあるため、辛味が強調されることはないが、すりおろして細胞壁を壊すと、辛味成分が出てくるのだ。

だから、大根おろしはふつうにダイコンを食べるより辛味が増して感じられるのである。

辛味を抑えるには、力を入れずにすりおろすといい。やさしくすりおろした大根おろしは、細胞壁の破壊が抑えられ、辛味が増さない。

なぜシジミの砂抜きには、真水なのか?

味噌汁の具として欠かせないシジミ。シジミは、料理する前に真水で砂抜きをする。アサリやハマグリなどは塩水を使うのが一般的だが、なぜかシジミは真水を使う。それはシジミの成育環境が影響している。

シジミは真水と海水が入り混じった汽《き》水《すい》域に生息している。

そのため、ふだんの生活の環境に近い水にさらすほうが、よりよく砂を吐き出してくれるというわけだ。

しかし、真水で砂抜きをすると、浸透圧の関係でシジミの旨味成分も溶け出してしまうため、できれば、少し薄めの塩水（具体的には1パーセントくらい）がよいといわれている。

この濃度は、汽水域の水より少し濃い程度である。

天気予報で聞く「一時雨」と「時々雨」の違いとは？

会社や学校にいく前に天気予報を確認する人は多いだろう。とくに梅雨時はチェックが欠かせない。

天気予報を見ていると、「曇り一時雨」や「曇り時々雨」という言葉を目にするが、この微妙な言葉の違いをどれだけの人が知っているだろうか。

「一時雨」は、雨が連続して起こる期間の合計が、予報期間全体の4分の1未満のときに使われる。これに対し「時々雨」は、雨が途切れ途切れに起こり、その合計が全体の4分の1以上、2分の1未満のときに使われる。

つまり「一時雨」よりも「時々雨」のほうが、雨が降る合計時間は長いことになる。ただし、どちらも雨の強さは関係ない。

しょうゆの薄口と濃口、塩分が多いのは？

日本の食文化には、しょうゆが欠かせ

ない。

しょうゆといえば、薄口派と濃口派に分かれる。地域で見れば、薄口が主流の関西、濃口が主流の関東に分かれるだろうか。

薄口派のなかには「濃口は塩分が多そうだ」と、健康を考えて避けている人がいるかもしれない。

たしかに見た目からすると、そう考えてしまうのもムリはない。

しかし実際は逆である。

塩分濃度を比べると、なんと薄口は19〜20パーセント、濃口は17〜18パーセントで、薄口のほうが塩分は多いのだ。

塩分が多いのに薄口というのはまぎらわしい気がするが、いったいどういうことなのか。そもそも薄口と濃口は色と香り、そして旨味成分によって分類されている。

色が濃いほど旨味成分が多く、そのぶん、塩分が少ないのである。

色の濃さは塩分の量を表わしていないのだ。

卵の消化にかかる時間は調理方法でどう変わる？

日本人の卵好きは、世界でも指折りだ。ＩＥＣ（国際鶏卵委員会）の調査によると、日本人は１人平均年間３２４個も卵を食べている計算になる。

これはメキシコの３６５個につぐ世界2位。

日本の食卓には卵は欠かせない一品といえよう。

煮てよし、焼いてよし、生でよしの好素材。それだけにさまざまな卵料理があるが、卵は料理の仕方でかなり消化時間が変わってくる。

生卵の消化時間は2時間30分かかる。半熟卵にすれば、生卵に比べて消化時間は短くなり、1時間30分で消化できる。

しかし固ゆでにすると、消化時間は3時間15分に長くなる。目玉焼きも同じく3時間15分。

オムレツや卵焼きなら2時45間分だ。

これは、加熱すると黄身は消化が悪くなり、白身は消化がよくなるという性質があるからだ。

おなかの調子に合わせて調理法を考えたほうがよさそうだ。

飲んだビールのアルコールを分解するのにかかる時間は?

ビールなどの酒類を飲むと、胃に入ったアルコールの一部は胃の粘膜細胞を通って血管に吸収される。

その速さは、はじめの30分ほどは速く、25パーセントほどのアルコールが吸収される。

その後、速度が落ち、飲んだアルコールの30パーセントほどが、1時間くらいかけて吸収され、残りは小腸に送られる。

小腸に送られる時間は、酒だけのときには短時間だが、食べ物と一緒だと3～6時間かかる。空腹で飲むと酔いが回りやすいのはこのためだ。

小腸に入った時点でアルコールは、す

べてすばやく吸収される。

アルコールは、続いて肝臓に送られる。肝臓では、アルコール脱水素酵素がアルコールをアセトアルデヒドに分解。アセトアルデヒドは酢酸を経て最終的に二酸化炭素と水に分解され、二酸化炭素は息、水は尿として体外に排泄される。

肝臓に送られてから分解、排泄されるまでにかかる時間は、アルコール10ミリリットルにつき1時間くらいだ。

アルコール度数が約5度のビールを500ミリリットル飲んだ場合なら、2時間30分かかる計算だ。

遅いような気もするが、この速さで有害なアルコールやアセトアルデヒドを分解して体外に排泄してしまうのだから、やっぱり人間の体はよくできている器官だといえる。

カリフラワーとブロッコリー、どっちが栄養がある？

カリフラワーとブロッコリーは、形がよく似ているうえ、どちらも小さなつぼみの集合体である。同じアブラナ科の野菜で、ゆでたり炒めたりと、調理法もほぼ変わらない。

しかし、まったく違うのが、その栄養価である。タンパク質、カルシウム、鉄分、ビタミンなど、すべてにわたってブロッコリーのほうが上である。

とくに、ビタミンAとビタミンCの含有量には大きな差があり、100グラム中のビタミンA含有量は、カリフラワーにはなく、ブロッコリーは400IU。

ビタミンCは、カリフラワーが65ミリグラムに対し、ブロッコリーは160ミリグラムも含まれている。

この例に限らず、一般的に色の濃い野菜のほうが、色の薄い野菜に比べて栄養価は高い傾向にある。

健康を考えるなら 酒には枝豆がいい理由

酒飲みの最大の心配事は、肝臓病だろうか。

肝臓は、解毒作用、栄養素の分解・合成を司る大事な内臓だが、アルコールを摂取すると、その分解のために大きな負担がかかる。

長年飲み続けると、肝臓も次第にくたびれていく。

しかも、肝臓は〝沈黙の臓器〟ともいわれるとおり、自覚症状がなかなか現われない。そのため、症状が出たときには、すでに手遅れというケースが多い。肝硬変、肝臓がんに至って命を落としかねないのだ。

そんな肝臓の援軍が枝豆である。

枝豆の良質な植物性タンパク質には、肝細胞を再生する働きがある。また、コリンと呼ばれるビタミン類が脂肪肝を防ぐ役割をしてくれる。

枝豆は酒のつまみの定番であるが、理にかなった最高のコンビである。

ヨーグルトの上澄み液を捨ててはもったいないワケ

ヨーグルトを買ってくると、上に上澄み液がたまっていることがある。

この上澄み液を気持ち悪がって、捨てている人もいるようだ。

しかし、この上澄み液は「乳清（ホエー）」といって、水溶性のタンパク、ミネラル、ビタミンが、ぎっしりとつまっているすぐれものである。

最近では、この乳清が肌の状態を整えることが科学的に証明され、顔パックに使っている人までいる。

こんな栄養の宝庫を捨ててしまうのはあまりにも、もったいない話。上澄み液は捨てずに利用すべきである。

栄養のために「リンゴ」は皮ごと食べるべきか？

リンゴを食べるとき、ほとんどの人は皮をむいて食べるだろう。豪快に丸かじりする人もいるが、あまり上品ではないし、農薬やワックスが心配という人は多い。

しかし、じつはリンゴを流水でよく洗って皮をむかずに食べるに限る。

皮の表面にあるツヤやベトベトは、人工のワックスでツヤ出しをしているのではなく、リンゴ自身が分泌した自然の成分である。

果肉の部分にも、ビタミンやミネラル、疲労回復や消化不良に効果のあるクエン酸などが含まれているが、ペクチンなどの食物繊維は、皮のほうにたくさん含まれている。

ペクチンは水溶性食物繊維で、水分を吸収して便量を増やしたり、腸の蠕動《ぜんどう》運動を促進したりして便秘を解消してくれる。下痢ぎみのときは腸壁を保護し、血糖値やコレステロール値の高い人ではそれらを下げてくれる。こういった働きから、動脈硬化や高血圧、大腸がんを予防する効果が期待できるのだ。

果肉だけ食べたのでは、これらのすぐれた成分を捨ててしまうことになって、いかにももったいない。

生のリンゴを丸かじりするのが苦手という人は、皮ごとすりおろしたり、焼きリンゴにしたりすると食べやすい。とくに下痢ぎみなどで腸が弱っているときは、丸かじりでは腸の負担が大きいので、すりおろして食べるといい。

9

その道の人が明かす びっくり仰天の真相

食品表示の「ナトリウム」を見かけなくなった理由

血圧が高いと、脳梗塞《こうそく》や心筋梗塞などのリスクが高まる。そうした高血圧の人が注意しなければならないのが塩分摂取《せっしゅ》量である。

塩分摂取量に気を使っている人はスーパーの食品コーナーで、なるべくナトリウム含有量の少ない食品を選ぼうとするだろうが、近年、ナトリウムの表示がなくなりつつある。

ナトリウムは食塩の一部であり、全体の塩分量を指しているわけではない。それを勘違いして塩分量を少なめに見積もって購入する人がいるため、ナトリウム表記をしなくなったというわけだ。

つまり、ナトリウムが表示されていないから塩分ゼロというわけではない。代わりに「食塩相当量」という表示が登場している。

世界一周クルーズの船の時差はどう調整される？

海外旅行といえば飛行機でいくのが一般的だが、近年は時間をぜいたくに使いながら優雅な気分を味わえる豪華客船による海外旅行の人気が高まっている。

この船旅で、ふと疑問に思うのが時差だ。海外旅行では当然、国によって時差が生じる。

飛行機を使った場合、現地に到着した時点で時計を調節すれば済むが、船旅の場合はそうはいかない。何日もかけて世界中を回る場合、時刻はどこに合わせるのだろう。

　じつは船の場合、基本的に1日に1回、夜中に1時間の時刻調整がおこなわれる。航路によっては調整が不要な日もあったり、2時間の調整が必要になる場合もあったりするが、通常は、到着港の時刻に合うように、1日1時間ずつ調整していくという。

　東から西に航行する（西回り）場合なら1時間ずつ遅らせ、日付変更線で1日飛ばす。逆に西から東へ航行する場合（東回り）は1時間ずつ進めて日付変更線で1日戻し、同じ日をもう1度繰り返す。こうして到着港の現地時刻に合わせているのだ。

　つまり、船内の1日は24時間ではなく、25時間だったり23時間だったりすることになる。

　わずかな誤差だが、毎日繰り返されると人間の体に大きな負担になる。

　そこで世界一周するような長期の航海の場合、クルーズ会社はほぼ間違いなく西回りの航行をとっているという。

　これは同じ1時間の違いでも、短いよりも長いほうが、体への負担が小さいからである。

　なお、この船内時間の調整は、その船固有の時刻でしかない。

　現地の港に着いた乗客のためであり、

また乗客が1日という時間の概念を失わないためのものだ。

そのため、機関室のログ・ブック（日誌）などは船内時間で記載されるが、無線通信では世界標準時を基準にしている。

宇宙にいくと心拍数はどう変化する？

宇宙の無重量空間では、体に重力がかからないぶん、地上にいるときより身長が伸びるという。

また、重力がかからないから、心臓の負担も小さく、ラクラクと血液を送り出せるようになる。

ということは、そんな状態での心臓の鼓動は、どうなるのだろうか。

単純に考えれば、負担が小さくなるぶん、動きも軽快で、鼓動が速くなるとも考えられるかもしれない。

だが、実際には鼓動は遅くなり、地上では1分間に60～80回脈打っていたものが、宇宙では40回ほどになったりする。

では、どうして心臓の負担が軽くなると、鼓動が遅くなるのだろうか。

これは負担が軽くなると、それに合わせて心臓も働きを弱めるため。いわば怠け者になるわけだ。

スポーツをしたときなど、速く脈打たなければ必要な血液が送り出せないとなれば、心臓の鼓動は速くなる。

これとはまったく逆に、無重量空間では、1分間に40回くらいの鼓動で、全身に必要な血液を送り出せるため、心臓はそれくらいの速さでしか脈打たなくなってしまうのだ。

ざらざらした氷のほうが滑りやすい理由とは？

2018年2月、日本中がカーリングで沸いた。平昌《ピョンチャン》冬季五輪で、女子日本代表が銅メダルを獲得したのである。

ご存じのとおり、カーリングは氷上にストーンを投げて滑らせ、位置取りによってポイントを競い合うスポーツ。

テレビで見ているとわからないが、実際にコースに近寄ってみると、表面がザラザラしていることに気づくだろう。

氷上は「プベル」という細かい突起で覆われているのである。

これではストーンが滑りにくいのではと考えてしまうが、じつは逆。

平らな氷よりも滑りやすくなるのだ。氷の接地面積が少なくなるため、摩擦が減るためである。

選手は試合中にプベルのようすを観察し、「滑りにくくなった」「曲がりやすくなった」などの情報を読み取る。

さらに、プベルを溶かすと表面に薄い水の膜ができる。

これが潤滑油の動きをしてストーンをより遠くへと運んでくれる。選手がブラシで氷上をゴシゴシこすっているのはこのためである。

野球でよく耳にする「重い球」とは、どんな球？

プロ野球の中継を見ていると、解説者が「球が重いですね」と発言するのを耳にすることがある。

球のスピードが速い遅いならわかるが、重いとはどういう意味なのだろうか。

もちろん球自体の重さは、公式球としての規格があるため、それぞれの球の重さが違っているわけではない。

よくいわれるのは、球の回転の違いである。回転が多い球は軽く、回転が少ない球は重いとされる。

たとえば、同じスピードの球でも回転が多い球は、伸びやキレがあるが、半面、バットに当たればその回転の多さが推進力を生んで飛距離を生む。

逆に、回転の少ない球は、伸びやキレはないが、打たれても遠くまでは飛ばない。球の回転数の違いが、打球の飛距離に表われるというわけだ。

また、バットの芯に当たるかどうかでも球の重さの感じ方は変わってくる。芯に当たると軽く、芯からずれると重く感じる。

回転が少ない球は空気抵抗が大きくなる。そのため、軌道が微妙に変化して、バッターは芯で捉えにくく、結果、重く感じやすい。

このふたつの特徴から、「回転数が多い球＝軽い球」、「回転数が少ない球＝重い球」と表現されるというわけだ。

地上でつくった地下鉄をどうやって地下に入れる？

地下鉄車両は地上でつくられた後、どうやって地下に入れているのか、ご存じだろうか。

最近の地下鉄は地上にある車庫から地下へとつながっていることが多い。地上で組み立て、そのまま入線できる。また、JRや私鉄と相互乗り入れをしている場合は、そこを経由すれば難なく地下に入れることができる。

意外にシンプルな結論だが、すべての地下鉄が地上から入線するルートをもっているわけではない。その場合は、どうしているのだろう。

東京の都営地下鉄線は、車庫も含めて全線地下にある。車庫直上に開閉可能な場所が設けられており、そこからクレーンで下ろすのである。

平成12年に全線が開業した大江戸線の場合、152両の車両がクレーンで地下へ下ろされている。

この作業は1日に2両ずつがやっとだったというから、かなり手間がかかったことが想像できる。

打ち上げ花火の高度はどのくらい？

花火大会はたいてい、川辺などひらけた場所でおこなわれる。付近の建物からの「保安距離」を確保する必要があるからだ。そのため近くに比べるものがなく、わかりにくいのだが、じつは花火は相当高く上がっている。

たとえば、隅田川花火大会などで打ち上げられる5号玉（直径約14センチ）の高度は、およそ190メートル。これが10号玉（直径約30センチ）になるとおよそ320メートルになる。333メートルの東京タワーと同じくらいの高さである。

さらに30号玉（直径約89センチ）は、およそ600メートルまで上がる。スカイツリーが634メートルだから、30号玉はスカイツリーの頂上近くで大輪の華を咲かせることになる。

世界一巨大な花火としてギネスブックにのっているのが、新潟県小千谷《おじや》市片貝町で毎年9月に開催される「片貝まつり」の40号玉（直径約120センチ）の花火。

これはなんとおよそ800メートルまで上がり、直径も800メートルにも広がるというから圧巻である。

なぜ海では単位が「マイル」「ノット」なのか？

海上には、陸のような目印になるランドマークがないため、緯度と経度を使って自船の位置を知ることになる。そのため、海図には正しい方位がわかるメルカトル図法が採用されている。

たとえば、海図で現在地から目的地までの距離を知りたい場合、コンパスのような道具（ディバイダという）を使い、現在地と目的地の長さを測る。

地図の端には、緯度尺の目盛りが付いているので、先ほど広げたコンパスをそのまま当てれば、ひと目でその距離が、緯度でどのくらい離れているかがわかるのだ。

でも、こんな疑問が湧いてくるだろう。「距離が緯度でどのくらい離れているかがわかっても、距離に換算するのは面倒ではないか……」

ここで登場するのが「マイル」である。海では距離に「メートル」ではなく、あえて「マイル」という単位を使う。

そうすることで、大きなメリットがあるのだ。

マイルは、おもに航海や航空で使用される単位。緯度1分の長さが1マイルに相当する（1マイルは1852メートル）。

緯度1度は赤道から北極点や南極点までの距離を90度で割った値で、1分は1度の60分の1である。

だから、緯度15分と出れば、そのまま距離15マイルを示しているし、緯度2度と出たら、1緯度は60分だから2×60で120マイルの距離があると、瞬時にわかるというわけだ。

海の世界ではもうひとつ、「ノット」という単位も使われる。これは船の速度を表わす単位で、1時間に1マイル進む速度である。

つまり、船の速度が60ノットだったら、1時間で60マイル進むという意味である。

たとえば、目的地までの距離が15マイルなら、15÷60で4分の1時間、つまり15分で着くことになり、120マイルなら、120÷60で2時間で着くと、瞬時に求められるのだ。

酸素を吐きながら成長する不思議な岩石とは？

動物や植物なら、成長するのが当たり前だが、生物でもない岩石が成長するというと驚きだろう。

そんな不気味な岩石が存在する。「ストロマトライト」と呼ばれるもので、オーストラリア西海岸のシャーク湾の一角にある海岸湿地にある。

まるでマッシュルームのような形をした大きさ50センチから1メートルほどの岩で、表面はぶよぶよした水あかのような感触がする。

この水あかのような物体の正体は、ラン藻《そう》という微生物で、これが岩の成長にひと役買っている。ラン藻は、毎朝、海水温が上昇すると細胞分裂を繰り返して上へ上へと成長していく。

その際、自分のもつ粘液を使って、周囲の砂や泥の粒子を体にくっつけて固めてしまう。

これを毎日繰り返すことによって、ストロマトライトは日ごとに成長していくのだ。

もっとも、成長のスピードは1年でた

った0・5ミリとかなり遅い。ということは、1メートルの大きさのストロマトライトは、2000年もの年月をかけてきたことになる。

ストロマトライトの不思議はそれだけではない。この岩の表面からはプクプクと小さな泡が出ているが、これは酸素である。この酸素は、ラン藻の光合成によるものだ。

ラン藻は数十億年前という古い時代の生き残り生物で、ラン藻の出している酸素は、地球の大気のはじまりだったのではないかと考えられている。

地図に海岸線が2本描かれている理由

「海と陸の境は?」と問われたら、だれもが「海岸線」と答えるだろう。一見、単純な質問だが、実際はもう少し複雑である。

ご存じのとおり、海岸に打ち寄せる波はつねに動いていて、潮が満ちたり引いたりしている。

満潮のときもあれば干潮のときもあり、海岸線の姿は様変わりする。

では動く海岸線を、どのように判断して地図に描いているのか。

じつは地形図に描かれる海岸線は、「最高水面」と呼ばれる満潮時が基準。つまり、陸地がいちばん狭い状態で記されるわけだ。

たしかに、干潮時を基準にしてしまうと、時間によっては、見えない部分が地図に描かれてしまうので、これでは混乱してしまう。

しかし海図の場合は、そう簡単ではない。満潮時と干潮時では海の深さも違うし、海があるはずの場所が、干潮時で陸地になっていると、船の航行にとって危険である。

そのため、海図には干潮時の線（低潮線）も引かれている。

年間を通して、もうこれ以上海水が引かないと考えられる海面（最低水面）を基準とした線だ。

つまり、海図には海岸線と低潮線の2本の線が引かれていることになる。

この低潮線は、領海を決める基準となる線でもある。これは国際水路機関の「領海および接続水域に関する条約」という国際法で定められている。「通常の基線は、沿岸国が公認する海図に記載された低潮線を基準にする」と規定されている。

領海設定に重要な役割を果たす低潮線だけに、その観測もつねにおこなわれており、日本では海上保安庁が全国の海岸に検潮所を設置して、潮の満ち引きを観察している。

プールの人工波はどうやってつくっている？

海水浴気分を気軽に味わえるということで、近頃では、波を起こせるプールがメジャーになりつつある。

波を起こすプールのしくみは、至ってシンプルだ。

大波をひとつだけ起こす場合は、タン

クに汲み上げた水を、高いところから一気に落とす方法をとる。タンクの水がもつ位置エネルギーを、運動エネルギーに変えるわけだ。

では小さな波を断続的に起こす場合はどうしているのだろう。

水底に対して傾斜のある板を前後に揺するか、水面と平行になるように置いた板を上下に揺すって波立てるのだ。

どのしくみでも、波が出るプールでは、本物の海岸と同じように白波が立つ。白波が立つのにも理由がある。

浜辺を模したプールは、海岸と同じように岸に向かって浅くなっていくようにつくられている。

水深が浅くなれば、水底を移動する波は水底との摩擦でスピードが落ちるが、水面の波のスピードは落ちない。だから、水面は岸に向かって、つんのめったようになり、波の形が砕けて白波が立つのである。

警察は、どうやって指紋を検出している？

指紋の検出は、ミステリー小説やテレビの刑事ドラマではお馴染みである。犯人を結びつける証拠として、かならず登場する。

では実際に目には見えない指紋をどのように検出しているのだろう。

指紋を検出する方法はいくつかあるが、一般的に広くおこなわれてきたのは、アルミニウム粉などの白い粉を吹きつけ、浮き出た指紋線をゼラチン紙に写し取る方法だ。

また、ニンヒドリン溶液というものを吹きつけて浮き出させる場合もある。

近年になってよく使われるようになったのが、瞬間接着剤(シアノアクリレート)を使う方法である。

この瞬間接着剤は、湿気のあるところでは白くなる性質があるので、調べたい場所に塗ると、指紋があれば白くなって検出される。

指紋を犯罪捜査に最初に採用したのはロンドン警視庁で、1901年のこと。

日本の警察が採用したのは1908年のことである。指紋の検出は、意外に新しく、20世紀になってやっと登場した捜査方法なのである。

遠く離れた星の温度がなぜ地球で測れるのか?

オリオン座のベテルギウスは摂氏約3000度で、リゲルは約1万度といった具合に、星にはそれぞれの温度がある。

このように、星の表面温度が問題になるのは、自ら光を放っている〝恒星〟の場合である(地球のように太陽の光を反射して輝いている〝惑星〟では、あまり問題にされない)。

それにしても、地球から遠く離れた星の温度がどうしてわかるのだろう。

これらの温度は、おおよそ目で測ることができるのだ。星が放つ光の色によって、温度がわかるのである。

たとえば、ロウソクの赤い火と、ガス

コンロの青い火を比べたとき、温度が高いのはガスコンロのほうである。

星の温度もこれと同じである。おおむね温度の低いほうから赤、青、白と色が変わってくる。

だからわれわれでも、夜空の星を眺めて「あの星は、表面温度が高い」と、簡単に推測できるわけだ。

無論、専門家はこんなおおざっぱな方法で星の温度を測っていない。

星の光を分光器に通し、そこにできたスペクトルで温度を計測するという方法をとっている。

バレエやフィギュアで目を回さない理由

バレリーナやフィギュアスケートの選手は、演技中に何回転しても平気な顔をしている。あんなに回転して目が回らないのか、と不思議に思う人は多いだろう。

まず、目が回るしくみから見ていこう。体が回ると、眼球は体についていこうとその方向に動き、また元の位置にもどる「眼振《がんしん》」という運動を繰り返す。

そのいっぽう、体の平衡感覚を保つ三《さん》半規管《はんきかん》は、内部のリンパ液の揺れを感知

して脳に信号を送る。

すると、目の動きと三半規管から送られる信号のタイミングにズレが生じて、これが目を回すという症状を引き起こす。

そこでバレリーナは、眼振を起こさない工夫をしている。眼球を一か所に固定できるように訓練するという。

バレリーナより速く回転するフィギュアスケートの選手は、また違った工夫をしている。

回転軸をなるべく三半規管の近くにもっていくことで、なるべくリンパ液が揺れないようにしたり、回転中、目を閉じて目が回転を感じないようにしたりするという。

それに加え、ヒトには適応力がある。回転を繰り返すと、脳が情報を無視するようになるため、訓練さえつめば、だれでも回転に順応することができるといわれる。

「ロボット」という言葉は、いつ誰が考えたのか？

鉄腕アトムのように人型《ひとがた》のものも、産業用にあるひとつの作業をするために開発されたものも、すべて「ロボット」と呼ばれている。

この「ロボット」という言葉は、いったいだれが使いはじめたのだろうか。

この言葉が最初に登場したのは1920年、チェコの作家、K・チャペックが書いた戯曲《ぎきょく》『R・U・R（エル・ウー・エル）』のなかである。

チェコ語で「強制労働」を意味する

「robota（ロボタ）」という言葉をもとにして、兄のヨゼフとともにつくった言葉だ。ただし、この作品に出てくるのは、機械製の人形ではなく有機質の合成人間を指していた。

その後、またたくまに「ロボット」は世界中に広まっていく。

当初は、ヒトに近い外観で同じように動く人造人間を指し、アンドロイド、ヒューマノイドとも呼ばれた。お馴染みの鉄腕アトムなどがそうである。

現在では、オートメーション化に貢献した産業用ロボットや、無人探査機などもロボットという場合が多い。

生身の体と機械を合成したいわゆるサイボーグも、ロボットの一種と考えることができる。

また、日本ではむかしから、お茶を運ぶからくり人形などがつくられていたが、これもロボットのひとつといえるだろう。

こう考えると、古今東西、人間には自分たちと同じものをつくりたいという欲望があるのかもしれない。

ミネラルウォーターと天然水の違いは?

日本では、蛇口をひねれば安全な水が飲めるが、昨今はペットボトルを購入する人も多くなった。

スーパーにいけば、所狭しといろいろな水が陳列されている。それらをよく見ると、天然水とミネラルウォーターの2種類があることに気づくだろう。

では、天然水とミネラルウォーターでは、いったいなにが違うのか。

農水省の定義によると、天然水はミネラルウォーター類に含まれる。

ミネラルウォーター類は、ナチュラルウォーター、ナチュラルミネラルウォーター、ミネラルウォーター、ボトルドウォーターの4つに分けられ、このうち前者ふたつに天然水という表示が許されるのだ。

天然水もミネラルウォーターも、地下水を使うという点に変わりはない。

ただミネラルウォーターは、天然水のミネラル成分を人工的に調整したり、または何種類かのナチュラルミネラルウォーターを混合したりしている。

自然のままのミネラル分か否かで、つけられる名前が変わるのである。

東日本と西日本で電気の周波数が違う理由

西日本から東日本へ、あるいはその逆に住居を移す場合は、電化製品の調整が必要になる。電気の周波数が東西で違うということはご存じだろう。

日本で使われている電気の周波数は、静岡県を境にしてふたつに分かれている。電力10社のうち関西電力、中国電力、九州電力、四国電力、中部電力、北陸電力、沖縄電力は60ヘルツを使っており、東京電力、東北電力、北海道電力は50ヘルツを使っている。そのため、移動に際して周波数の調整が必要になってくるのだ。

では、なぜ統一しなかったのか。最初から同じにすれば、面倒な事態も防げたはずである。

明治時代に電気事業が開始された際、東京電灯株式会社がドイツ式発電機を導入したのに対し、大阪電灯株式会社はアメリカ製の発電機を導入したことが理由である。このときからすでに発電機の周波数が異なっていたのだ。

その後、大正3年から計6回、統一のための会議が開かれたが、東西譲り合わずに周波数の統一ができず、現在にまで至っているのである。

砂漠に1000年も生き続ける植物とは？

ふつうの生物ならとても棲めないような過酷な環境にある砂漠では、変わった生態をもつ生物も多く見られる。

南西アフリカの砂漠地帯には、1000年も長生きするうえに、見た目にもかなりグロテスクで奇妙な植物が生存している。

その名は「ウェルウィッチア」（写真）。1科1属1種で、類似の植物はない。

ウェルウィッチアはその長い一生の間に、双葉2枚、本葉2枚の計4枚しか生やさない。しかも双葉は、ある程度成長した時点で落ちてしまう。残された2枚の本葉は、乾燥した空

気のなかでボロボロになり、さらにいくつもの裂け目が生じて分かれるので、実際にはとても2枚には見えない。

この植物の成長力は驚異的で、芽生えたばかりの根は、乾燥した土のなかを水を求めて地中を伸びていき、発芽3～4日ですでに1メートル近くにも達する。最終的にこの根は10～20メートルにもなるという。

しかし、ちょっとでも根元が切れたり乾いたりすると、エネルギー補給が途絶えてたちまち枯死《こし》してしまう。まさにギリギリのところで生きている。

和名はキソウテンガイ（奇想天外）。この植物にピッタリの名前だが、現在絶滅の危機にあるという。

流れるプールの意外な原動力とは？

なかなか速く泳げないという人でも、水の流れにまかせてスイスイ進んでいけるのが「流れるプール」。ドーナツ型のプールのところどころにあるポンプで、水を噴射して水流をつくっている。

ところがこの流れるプール、真夏の混雑しているときには、ほとんどのポンプを止めてしまうという。ポンプを動かさなくても、自然と水が流れるというのである。

人が多ければ、そのぶん、水の流れをつくるのにパワーがいりそうなもの。ポンプを増やすのならわかるが、止めてしまって水流ができるというのは、いったいどうしてなのだろうか。

そのヒミツは慣性にある。流れるプールで泳ぐ人は、みんな流れに沿って泳ごうとするもの。

すると、大勢の人の流れから、水も力を受け、人の流れと同じ方向に流れる。ひとたび流れができれば、慣性の力が働くため、なかなか流れは止まらない。

そのような状態でポンプを動かしてしまうと、流れが速くなりすぎて危険が伴うというわけだ。

混雑期の流れるプールは、人間の流れがプールの水も動かしていたのである。

地震列島日本の最古の地震記録とは?

日本は地震大国といわれるが、それをよく表わしているのが古地震である。いわば地震の記録だ。

なんと、720年に成立した『日本書紀』に早くも地震の記録が登場する。

日本の地震記録第一号は、允恭《いんぎょう》天皇5年7月14日(西暦416年8月23日)、大和地方で体感された地震である。

『日本書紀』の成立の何百年も前の地震のためか、この地震については、地震の記録だけで被害状況までは記されていない。

被害状況の記述が出てくるのは、同じく『日本書紀』に記されている西日本で起こった巨大地震である。

天武《てんむ》天皇13年10月14日(西暦684年11月29日)に起こった「白鳳《はくほう》大地震」と呼ばれる大地震で、諸国の官舎や倉庫、寺や神社が数えきれないほど倒壊し、人や家畜に死傷者が多く出たという。また、土佐では「田畑五十余万頃《しろ》（約2平方キロメートル）」が海底に没したとある。

さらにその後、土佐で津波が起こり、朝廷への貢ぎ物を運ぶ船がたくさん沈んだそうだ。

その被害状況からすると、どうやら四国沖合の南海トラフ沿いに起こった大地震であったと想像でき、現在のマグニチュードに換算すると、8・2〜8・3ぐらいだったらしい。

その後も日本の文献には、大きな地震の記録がひんぱんに登場するが、それをつぶさに見直すことは、今日の地震研究において重要な史料となるのだ。

「精子バンク」の発想はどこから生まれた？

夫側の原因で子どもができない夫婦が、人工授精に利用する精子バンク。

昨今、問題となっているのは、「優秀な子どもを授かりたい」と趣旨が変わって、精子バンクを利用する女性が増えていることだろう。

この精子バンクを最初に思いついたのは、アメリカのH・J・マラー。ノーベル医学生理学賞を受賞した科学者である。

もちろん精子バンクでノーベル賞を受賞したのではなく、１９２７年の「人為的突然変異の創出」の業績に対するもので、精子バンクの考案は彼のいわば、もうひとつの顔である。

「人為的突然変異の創出」の業績とは、ショウジョウバエにX線を照射して、突然変異が起きるしくみを明らかにしたことだ。

このショウジョウバエの遺伝学と、突然変異の研究をしていたマラーは、当時盛んだった優生学にも深い関心をもっていた。

優生学は、悪い遺伝を後世に残さないという消極的なものと、優れた人間を生み出そうとする積極的なものがあった。

マラーは、後者の積極的な優生学の発想から、精子を凍結保存する精子バンクを考案し、1961年、「生殖質選抜、遺伝的治療における新たな次元」という論文を発表している。

人を選別することにつながりかねないという危険性までは、考えが及ばなかったようだ。

日本人がおいしいと感じる水の硬度は？

水には硬度がある。世界保健機関（WHO）は、水1リットルのなかに炭酸カルシウムがどれだけ入っているかをミリグラム単位で示し、硬度0～60未満の水を「軟水」、60～120未満の水を「中程度の軟水」、120～180未満の水を「硬水」、180以上の水を「非常な硬水」と定義している。

この水の硬度は場所によって異なる。

世界各地の水の硬度を比べると、日本は平均して硬度50～60で軟水になる。

いっぽう、ドイツのミュンヘンは約2

70、フランスのパリは約300、デンマークのコペンハーゲンは約370、スペインのバルセロナは約490といった具合に、ヨーロッパの水はかなり硬度の高い硬水になる。

一般的な傾向として、島国なら軟水、大陸なら硬水になる。

さらに硬度は、水のおいしさにも関係してくる。ミネラルが多すぎる硬水は、口当たりが重く、苦味や渋味が強く感じられる。

日本人がおいしいと感じる水は、硬度10〜100（国民性によって違う）。つまり、平均硬度50〜60の日本において、日本人は常日頃からおいしい水を飲んでいることになる。

海外旅行で硬水の国にいって水を飲むと、口当たりがよくないと思うのは、こうした理由によるものである。

海図が毎週金曜日に変更されている理由

道路地図やカーナビゲーションを見ながら車を運転すると、地図と矛盾する光景を目の当たりにすることがある。地図に記載されていない道が突然出現したり、目印のガソリンスタンドやコンビニがなくなっていたり……。

これは道路環境の変化に、地図やカーナビゲーションの更新が追いついていないためだ。

この場合、さほど戸惑うことはない。周囲のほかの建物や標識を確認すればよいし、それでもわからなければ、容易に人に聞ける。

しかし海上の場合はそうはいかない。目標物や聞く人がいないので、自分の船の位置を見失うというのは致命的になる。海図をもたず航行に出るのは、無謀な行為にほかならない。

そのため、道路交通法とは異なり、法律によって船に海図の備え付けが義務づけられている。

では海図をもっていればよいかというとそうではない。港湾の施設や海底の水深は絶えず変化しており、古い海図で航行することも危険である。

それに対応するため、変更が生じた場合、海上保安庁の海洋情報部が週に1回、金曜日に「水路通報」を発行しており、訂正内容を周知させている。

海上保安庁海洋情報部のホームページからダウンロードが可能で、船の利用者は、得た情報を手書きで古い海図に書き込んで自ら更新することになっている。

また、岸線や水深などの変化が大きい場合は、「水路通報」に添付されている補正図を貼りつけて利用することになっている。

刻々と変化する海図は、まさに生ものといえるだろう。つねに新しい情報がすべての船舶に伝えられているからこそ、海の安全が確保されているのである。

なぜイチョウは「生きた化石」なのか？

まだ恐竜がわがもの顔で地球上を闊歩《かっぽ》していた時代から今日まで種を保ち続け

ている生物は少なくない。

2億年以上前から繁栄し続けているもののひとつにイチョウがある。

イチョウは古生代末期のペルム紀（二畳紀）、ソテツの仲間とともに出現したことがわかっている。ソテツと並んで、シダ植物から進化した初期の裸子植物である。

さらに中生代になると、イチョウの森はどんどん広がっていき、ジュラ紀にもっとも繁栄した。いまでこそイチョウは、イチョウ科として1種しか残っていないが、当時はイチョウの仲間は数十種にも及び、ほとんど世界各地に広がっていた。

だが、中生代の終わり頃からイチョウは衰退しはじめ、新生代第三紀には大半が死滅してしまった。

では、どうして現在、ありふれた樹木として目にすることができるのだろう。

じつは、かろうじて生き残ったイチョウを人間が気に入って、あちこちに植えたからである。

欧米で見られるイチョウは、もとはといえば日本から移植されたもの。17世紀に日本の長崎にやってきた植物学者がイチョウを見て、とても珍しい木だと驚いてヨーロッパに紹介したのがきっかけである。

それが18世紀に日本からオランダの植物園に伝わり、さらに欧米諸国に伝わったといわれている。

そこから世界各地に広まっていき、現在もあちこちで目にすることができるわけだ。

切断してなくなった腕や脚が痛くなる謎

腕や脚を切断した患者が、なくなった四肢《しし》を以前と同じように感じることがある。また実際にはない手の指にものがさわった感覚や、痛みを覚えることがある。

これは幻影肢《げんえいし》といわれる。

人間の感覚神経は、無数の神経線維から組み立てられており、この神経線維がつながっている受容器を刺激すると、電気的変化が現われる。

ツートン式のパルス信号のような性質をもつこの電気的変化は、インパルスと呼ばれている。

脳の感覚野は、送り込まれてくるインパルスがどこからこようと、その場所がもっている感覚を引き起こすことができるのだ。

もともと神経活動は、脳の感覚野にある神経細胞で起こっているのだが、実際にその感覚を感じる部位は違う。

たとえば光を感じる場合、実際には脳の神経細胞が光を感じているのだが、目の前に光が見えたと感じるのであって、脳のなかに光が見えるということはない。幻影肢の場合にも同じ現象が起こっていると考えられる。

切断された腕や脚の感覚細胞が、なにかの原因によって刺激され、そこからインパルスが脳に送り込まれる。脳で起こる感覚は、かつてその神経が存在していた皮膚に投射されて、まるでそこに刺激が加わっているかのように錯覚するのである。

「デジャ・ヴュ」はどうして起こるのか？

はじめて訪れた土地なのに、前に訪れたような気がする。

なにかしているとき「あれ、前にも同じことをしたような気がするんだけど」といった経験は、だれでもあるのではないだろうか。

これをフランス語でデジャ・ヴュ、日本語では既《き》視《し》感《かん》という。

それはひじょうに懐かしかったり、幻想的だったりするので、文学の世界やドラマなどにはよく登場する。

心理学的には、未知のものを既知のものと見なす傾向の異常体験であり、一種の心理的病だと考えられている。

通常、私たちは、いま見ているものや遭遇している状況を、以前に見たものか、経験したのかを再認識できるものだ。それが健忘症のように、再認識をしにくくなっている場合に、デジャ・ヴュが起こりやすいとされている。

もっとも、記憶の痕跡が残っていれば

起こるので、夢からくる場合もある、として、一概に病気とは限らないという指摘もある。

後頭部を殴られると火花が散って見えるワケ

かつて脳は、全体としてひとつの機能をもっており、それぞれが個別に働くことはないという意見が主流だった。

だが、その後の研究の成果によって、脳の各部分にはそれぞれ別々の働きがあり、それが複雑に組み合わさって活動していることがわかっている。現在では、脳の各部分の機能を示した地図もつくられている。

この研究成果によれば、脳の後頭部は、視覚に関係した部分だとされている。よく「後頭部を殴られて火花が散った」などというが、これは視覚中枢が刺激されて光が見えたように感じてしまうためである。

同じように、脳の側頭部を刺激すると音が聞こえたりするのも、この部分が聴覚と密接に関係しているためだ。

だが、側頭部の場合は少し事情が複雑だ。側頭部を刺激すると音だけでなく、過去の事件や風景、体の感じなどの記憶がよみがえることがある。

しかもそれは、かならずしも本人が覚えている記憶だけとは限らない。

こうしたことから、側頭部の場合、単純に感覚と結びつくだけでなく、脳のほかの部分との相互作用など、さまざまな作用の可能性が考えられている。

水晶やガラスが幻視を引き起こす不思議

占いの小道具として水晶は有名だろう。古来、水晶に限らず、水やガラスなど透明なものは幻視を見られるとされ、宗教儀式に利用されてきた。

古代ギリシャでは、池のなかに鏡を下げて、それに映る幻影を見て、神の真意を判断した。

また、水の盛られたガラスの器を凝視したり、さらには指の爪に油を塗ったりして、そこに幻視を見たという。

また、イギリスのスコットランド地方では、夜、ろうそくの火で鏡を見ると、将来の自分の夫の幻が見えるという信仰もある。

なぜ幻視を引き起こすのか、はっきりしていないが、その人の過去の経験が映ることも多い。また、その人がまったく忘れてしまっているようなことが、再現される場合もあるようだ。

事実、こんな記録がある。

ある女性が透明体を眺めていたら、突然文字が一字ずつ現われた。最初はなんの意味かまったくわからずにいたが、試しにその現われた文字を逆に並べたところ、「交霊会入会者を募る」という言葉になった。これは、以前、彼女がちらりと見たことのある、新聞広告の内容だったという。

これは、幻視というよりは記憶が呼び起こされた結果である。

幻覚剤を使用する「サイケデリック・セラピー」とは？

1960年代、日本では「サイケ」ブームが起きた。

サイケとは、若者の最先端の音楽や文学、芸術、生活スタイルなどを総称したもので、マリファナやLSDなど麻薬の影響が大きかったとされる。

このサイケという言葉が、じつはサイケデリック（心を明らかにする）・セラピーから生まれたことは意外に知られていない。

日本に比べてアメリカは幻覚剤の〝先進国〟である。そのため、これを医学の分野で活用しようという試みも早くから行なわれていた。

そうした試みから生まれたのが「サイケデリック・セラピー」である。

精神分析学が盛んだったアメリカでは、自由連想という精神療法がおこなわれていた。

横になった患者が、頭のなかに浮かびあがる連想を、横に座る精神分析医に話すというものである。

サイケデリック・セラピーでは、連想スピードをあげるために、幻覚剤であるLSDを投与する。LSDを利用することで、連想スピードは10倍にも20倍にも促進されるという。

サイケデリック・セラピーは、アメリカの精神科医、H・オズモンドによって考案された療法である。

オズモンドはこの療法によって、心を

病む人々が心の覆いを取り去り、新しい人格を開くことができると主張したのである。

スポーツ後の疲れが快感に変わるワケ

スポーツなどで体を激しく動かしていると、苦痛や疲れが快感に変わってくることがある。これは脳でつくられる麻薬物質のため。

脳内麻薬の存在が明らかになったのは比較的最近のことで、1969年。アメリカと日本人の研究グループが、ブタとヒツジの脳をすりつぶし、覚醒剤に似た「TRH」という物質を取り出した。

さらに1975年、イギリスの研究者が、8種のアミノ酸からなる「エンケファリン」という麻薬物質を発見。その後、次々と麻薬物質が見つかり、その数は数十種類にも及ぶ。

この脳内麻薬は、筋肉を酷使したときなど、苦痛を感じたときに発生することから、一種の防衛反応であり、痛みを和らげる役割を果たしていると考えられる。

そのほか、性行動の最中にも脳内麻薬が分泌されるし、宗教者などの悟りの境地というのも、脳内麻薬の効果によるものではないかといわれている。

また、中国の鍼《はり》麻酔は、西洋医学では説明ができないでいたが、近年、脳内麻薬が関係しているのではないかと指摘されている。特定のツボを刺して脳内麻薬を発生させ、麻酔効果を出しているというのである。

心臓発作はなぜ午前中に起こりやすい？

心筋梗塞をはじめとする心臓の発作は、起こりやすい時間帯と起こりにくい時間帯がある。

もっとも起こりやすい時間帯は朝である。日本では、午前7～9時までの時間帯が、高齢者の心臓発作がもっとも多い。

オーストリアの研究では、心筋梗塞の患者の8割は午前中に発作を起こし、平均すると、午前10時半という数字が割り出されたという。

では、どうして朝に心臓発作が起こりやすいのだろう。

ある研究によると、1日のうち血液がもっとも固まりやすいのは午前9時だという。

ふつうなら、血管のなかで血液が固まれば、それを溶かすための作用が起こるのだが、この作用がもっとも低くなるのが午前中なのだ。

加えて、朝は1日の活動に向かって自律神経が活発になり、心拍数が上昇する時間でもある。

いうまでもなく、心筋梗塞は心臓で血管がつまる発作だ。血液が固まりやすく溶けにくい時間帯に、心拍数が多くなっていくのだから、ほかの時間帯に比べて発作が起こりやすいのも、当然である。

これに対して、午後は血液が固まりにくくなり、また血液を溶かす作用も高まる時間帯。また、夜間、とくに睡眠中は、体がリラックスしているので、心拍数も低くなっている。

こうした理由から、午後や夜間には、午前中に比べて心臓発作が起こりにくいのである。

赤ちゃんに日周リズムが現われるのはいつ？

一昼夜を周期とするリズムを日周リズムという。

生まれたばかりの赤ちゃんには日周リズムがないが、いったい生後どのくらいすると、日周リズムが現われるようになるのだろう。

まず、睡眠と覚醒《かくせい》の周期や食事のリズムは、生後1週間ぐらいからかすかに現われ、生後2か月を過ぎると、夜に眠るようになったり、授乳が規則的になったりしてくる。そして、生後3〜4か月もすると安定しはじめる。

このリズムは、昼夜の区別がなくても現われるようだ。

フランスで、生まれてから100日の間、赤ちゃんをいつも明るい部屋で育てるという、いささか乱暴な実験がおこなわれたことがある。この条件下でも、赤ちゃんは、母親の睡眠にあわせて、夜に眠るようになり、授乳の時間も規則的になったという。

シロアリ塚に学んだ熱効率をよくするビルとは？

アフリカ諸国には、平原のなかに土の塔が林立する不思議な光景が見られる。

これはシロアリ塚である。

シロアリの唾液で土を固めてつくられており、高さは5～10メートルほどにも達する。

特筆すべきは、空調設備を備えていることだ。シロアリ塚がいかにすぐれた構造かわかる。

日中は摂氏40度近く、夜は数度になるまで気温の変動が激しい砂漠地帯において、塚の内部は常時30度前後に保たれている。塚の下側に空調用の穴を設け、そこを開閉して空気を取り入れることにより、内部の熱をコントロールしているという。

このしくみは、われわれ人間のビルにも利用されており、ジンバブエのイーストゲートセンターというオフィスビルにも応用されているのだ。

星の寿命はなにによって決まる？

星には寿命が長いものもあれば、短命なものもある。この星の寿命は、いったいなにで決まるのか。

星の寿命は質量によって決まる。重い星ほど寿命が短く、軽い星ほど寿命が長い。ごく軽い星だと、1兆年以上も寿命をもつものがあるいっぽうで、最後にブラックホールになるような重い星だと、100万年ほどで寿命を終える（といっても100万年！）。

どうして重い星のほうが寿命が短いのだろうか。

これは、質量が大きいほど、重力による収縮力が強くなり、中心部での核融合反応、つまり星のエネルギー消費が促進され、進化（成長）が速くなるからであるという。

たとえば、質量が太陽の2倍の星だと明るさは太陽の15倍程度ある。質量が5倍、10倍だと明るさはそれぞれ400倍、4000倍になる。

2倍の燃料しかないのに15倍の明るさで輝いたのでは、エネルギーが速く尽きるのは当然だろう。太陽の寿命が約100億年あるのに対し、太陽の2倍の質量の星では、15億年程度で尽きると考えられている。

葉のない「バオバブ」は、どうやって光合成をする？

アフリカ大陸の東南沖のインド洋に浮かぶ島、マダガスカル。南北1500キロメートル、東西500キロに及ぶこの島は、日本の約1・6倍の面積をもつ。

しかし、こと植物相となると1・6倍どころではない。日本固有の植物はそう多くないが、マダガスカルの固有植物は1万3000種もある。

そんなマダガスカルの植生の大きな特徴は、なんといっても「バオバブ」の群生だろう。その奇妙な外見の裏に、驚くべきシステムが隠されている。

バオバブは落葉樹で、半年以上も乾期の続く気候にあわせて1年のうちの多くを葉のない状態で過ごす。

仮に葉をつけたとしても、木のてっぺん付近に茂る程度。つまり、成長を葉っぱに頼らない木なのである。

いったいどうやって栄養分を得ているのか。

バオバブは、なんと樹皮の下で光合成をおこなっている。その証拠に、バオバブの茶色い樹皮をはがすと、その下には一面の葉緑素の層が現われる。

赤道直下の強い日差しを樹皮で覆い、その内側に守られた葉緑素が、せっせと光合成し、栄養分を供給しているのだ。

最古の昆虫化石はいったいどんなもの？

世界に数多くある昆虫の化石で、もっとも古い化石が見つかっているのはトビムシである。羽のない小さな虫で、古生代デボン紀の地層から、昆虫としては最古の化石が見つかっている。

では、トビムシはほかの昆虫の祖先なのかというと、これには疑問符がつく。なぜならトビムシは、昆虫の祖先として推定されている生物とは、大きく異なっている点があるのだ。

昆虫は広い意味では、ムカデの仲間といえる原始的な多足類から進化したといわれている。そして、多足類から昆虫に進化する途中の動物に近いのが、衣服や本などによくつく、シミやイシノミなどとされている。

多足類からシミなどに似た動物を経て昆虫に至る進化の過程は、途中のいくつかの段階はほぼ推定されているのだが、トビムシは、この進化のルートから外れているらしい。

そのためトビムシは、昆虫の祖先とは別の系統から進化した生物ではないかという説もあるのだ。

体の構造を見ても、トビムシは、昆虫に共通する特徴から外れている点がいくつもある。

ほかの昆虫には腹部に11の体節があるのに、トビムシには6つの体節しかない。

また、昆虫には腎臓の役割を果たしている器官があるが、トビムシにはなく、代わりに、トビムシしかもたない器官もある（跳躍《ちょうやく》器、粘管など）。

さらに、卵の細胞分裂の仕方もほかの昆虫とは異なっている。

こういったことから、トビムシは昆虫に分類されてはいるものの、厳密には昆虫とはいえないのではないかという研究者が多いのである。

10

面白い!と盛り上がる
雑談の最強ネタ

水はムリでもビールならたくさん飲める理由って？

夏ともなれば、ジョッキ片手にビールを飲む人はよく見かけるが、水を同じように飲む人はあまり見かけない。せいぜいコップに1～2杯くらいだろう。

水は、ビールほどたくさん飲めないものだ。

水の場合、胃でしばらくためられたあと、少しずつ腸へ送られ、そこではじめて体内に吸収される。

いっぽうビールは、アルコールが含まれているため、胃の段階で吸収される。そのとき、水分も一緒に吸収されるため、いわゆる水っ腹状態にはならない。

つまり、水とビールでは吸収速度が違うのである。

また、ビールには利尿作用もあるため、吸収された水分はどんどん排出される。だから、ジョッキの量でも飲めるのである。

男と女、エッチなことを考える回数が多いのは？

男と女ではどちらがエッチなのか。

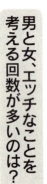

当然、男のほうだろうと想像がつきそうなものだ。事実、アメリカで流布している話に「若い男性は7秒に1回、セックスのことを考えている」というものがある。

起きている時間を18時間とすれば、男性はなんと1日に9000回以上もエッチなことを考えていることになる。

オハイオ州立大学の研究グループが、これをまじめに検証しようと、実験をおこなっている。

実験対象は18～25歳までの男女（男性72人、女性91人）。全員にカウンターをもたせ、朝起きてから寝るまでの間にセックスのことを考えたらカウントしてもらうというもの。

結果は、男性は1日平均19回だったのに対し、女性は平均10回だった。

結局、「1日9000回エッチなことを考える」という話は、ずいぶん盛った話だったようだが、男性のほうが女性よりもエッチらしいということは、たしかなようだ。

マジックボイスで声が変わるのはなぜ？

宴会芸で人気のマジックボイス。缶に入ったガスをスプレーで吸い込んでしゃべると、キンキン甲高《かんだか》い声に変わるというしろもの。

ただのガスで、あんなふうに声を高く変えることができるとは不思議である。

空気でもっとも多く含まれる成分は窒素だが、マジックボイスの缶に詰められているガスは、ヘリウムが主成分。ヘリウム8割に酸素が2割の気体である。

ヘリウムは、風船などに使われるぐらいたいへん軽い気体。軽いというのは、密度が小さいということでもある。

そのため、ヘリウムを吸い込んで声を出すと、その声は、ふつうの空気を吸い込んで出した声より、速い速度で伝わることになる。

そして、速い速度で伝わってきた声がのどの声道をふるわせると、共鳴する回数が多くなる。

つまり、いつもより周波数が高く、波長が短い声が出るのだ。

そのため、声が高くなるというわけである。

5月病にかかるほんとうの原因とは？

毎年5月になると、「5月病」という言葉を耳にする。

5月になると、体調を崩したり、精神的に不安定になったりして、学校や会社にいけなくなる人が増える。

これは、5月という時期に特有の、一種の自律神経失調症と考えられている。

日本では、4月が年度代わりで、学生なら新学期がはじまり、社会人なら新入社員が入ってきたり、大きな人事異動があったりする。いわば緊張度合が高くなる時期。進学や就職をしたときなら、なおさらだ。

5月は、そういった4月以来の緊張か

ら、疲れがどっと出てくるタイミングといえるだろう。

5月は暑くもなく寒くもなく快適に思えるので、5月病というのは、季節とは関係なく、もっぱらこのような社会的な事情が原因だと思われがちだ。

だがじつは、5月病の原因はこれだけではない。そもそも5月というのは、生体リズムが崩れやすい時期なのである。

日本では、5月は曇りや雨の日が多い。移動性高気圧のおかげで晴れたかと思うと、すぐに低気圧がやってきて雨になる。この晴れの日と雨の日の気温の差は激しく、また昼夜の温度差も激しい。

この温度差で体調を崩しやすくなったり、季節の変化に生体リズムがついていけなくなったりするのも一因なのである。

あれほどの巨体で、恐竜はどうやって交尾した？

長い間、地上の支配者として君臨した恐竜。それにはもちろん、子孫を増やすことが必要だが、あれほど巨大な体をしていた恐竜たちは、いったいどうやって交尾をしていたのか。

恐竜の交尾には謎が多く、じつにさまざまな説が登場している。その一端を紹介しよう。

ティラノサウルスの前脚は、極端に小さく指は2本しかないが、この前脚をじつは交尾の際に使っていたらしい。

オスはこの前脚をメスにひっかけ、しがみついて交尾したのではないかというのだ。

また、ステゴサウルスの交尾にもある説が唱えられている。彼らの背中には三角板がついているが、本来、敵の攻撃から身を守ったり、体温調節に使っていたりした。

だが、大きな三角板は交尾のときに邪魔になる。そこで彼らは、三角板を寝かせることができたのではないか、と考えられている。

同じように、ユタラプトルの後ろ脚の鉤爪《かぎづめ》は30センチもあり、やはり、交尾のときには邪魔になる。そこで交尾期には、この爪が抜け落ちたという説がある。

大きな尻尾をもつ恐竜にとって、これも邪魔だったに違いない。大きな尻尾をもつ恐竜は、トカゲのように尻尾をよけて、後背位で交尾したと考えられる。

とにかく、巨体の恐竜が地上で交尾するのはたいへんなこと。そこで、とうとう水中で交尾をしたとする説も登場している。

オスは水の浮力を利用して、メスの背後から接近したという。たしかに地上よりは、交尾しやすかったかもしれないが、そこはあくまで仮説である。

こんな調子で、さまざまな説が登場して結論の出ない恐竜の交尾。そもそも秘め事なのだから、わからないのも仕方ない……。

男が一番好きな女性の部位は?

男性は、女性の体のなかで胸やお尻に魅力を感じるといわれている。

そこで女性が、胸を大きくしたいと願ったり、ヒップアップを目指したりと、いろいろ努力をしているのだが、じつは、男性がとくに魅力を感じる部分は、「ウエストのくびれ」という報告がある。

テキサス大学の研究グループが、18の文化圏で男性にウエストとヒップの比率が「0・6対1」、「0・7対1」、「0・8対1」の女性の線画を見せたところ、「0・7対1」の比率に圧倒的な支持が集まったという。

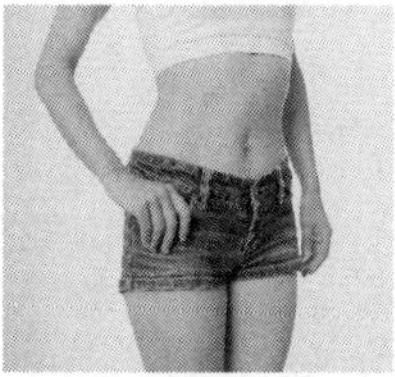

つまり、ウエストが細すぎてもダメだし、くびれが少なすぎてもダメということがわかったのだ。

実際、世界中の男性から人気を得たマリリン・モンローやオードリー・ヘップバーンは、スリーサイズは違うものの、比率は見事に0・7対1だったという。

また、太った女性が好まれる地域や、やせた女性が好まれる地域など国民性があるが、それを含めて、世界各地で比べてみても、「0・7対1」の比率に人気が集まったというのである。

いつの時代も細身や胸の大きさを気にする女性は多い。だが、なによりも重要なのは、サイズよりもバランスだということらしい。

女性だけでいると月経周期が変化する不思議

「どうも最近、生理が遅れがちなの」

そんな不安を感じている人は、自分の生活パターンをチェックしてみるといい。もしかして、女性ばかりの環境のなかで生活していないだろうか。あるいは、男性と接する機会がめっぽう少なくなってはいないだろうか。

じつは、女性が女性だけの環境のなかにいると、月経周期が遅れる傾向があるという。

同じように、女性ばかりの環境で暮らしていると、思春期がくるのも遅くなるという報告もある。

アメリカのある調査で、寮生活をしている女性と、男性と接触のある女性とを比べた結果、たしかに寮生活の女性の月経周期のほうが長くなる傾向にあったという。

男性が存在することで、女性は肉体的、心理的に影響を受け、それで自分たちの体のリズムやバランスを保っているということなのかもしれない。

男性の性欲がもっとも盛んになる時間帯は？

男女の営みは、もっぱら夜にという人がほとんどだろう。学生でもなければ、日中働いているので、当然といえば当然の話かもしれない。

ところが、ホルモンの分泌の日周リズムからすると、営みにもっとも適しているのは昼間である。

男性の性欲と切っても切り離せない関係にある「アンドロゲン（男性ホルモン）」は、午前中から正午にかけて分泌量がもっとも多くなり、夜間、とくにベッドに入る頃の時間帯には少なくなる。

男性ホルモンの分泌量からすると、男性は、もっとも分泌量が少なく、そんな気分が起きにくい時間帯に、女性に挑んでいることになる。

卵巣と精巣の働きを司るのは下垂体《かすいたい》だが、この下垂体の活動は、日光で促進されることがわかっている。

さらに、暗くなると、脳の松果体《しょうかたい》から、メラトニンという睡眠物質が分泌されるのだが、このメラトニンは、排卵、精子の製造、性欲増進ホルモンの分泌などを抑える性質がある。

男性ホルモンの分泌から見ても、下垂体の活動から見ても、また、メラトニンの分泌から見ても、性欲は、夜より昼のほうが高いといえるのである。

妻はどうして夫の浮気に気づくのか？

第六感について、「女性は男性に比べて鋭い」といわれる。女性の第六感の鋭さがとくに発揮されるのは、相手の浮気だろうか。

夫がいくらバレないように装っても、「女のカン」で、妻が浮気を見破るという話はよく聞く。

これに対して、妻が浮気をしているのに、夫はそれに気づかないケースが多い。なぜ女性のほうが、男性の浮気に気づきやすいのだろうか。

まず考えられるのは、妻のほうが家にいる時間が長いという点だ。家のなかの細かい情報がつねに五感から入ってきて記憶されている。

たとえば、夫が靴を脱ぐ位置とか、玄関を上がるときの表情や態度など、夫は気がつかなくても妻のほうは、無意識的に記憶しているのである。

そういった日々のなかで、いつもとどこか違うと、妻は無意識に気がつき、不信を覚えるらしい。

これに加え、女性の脳は、男性よりも左脳と右脳を結ぶ脳梁《のうりょう》が太く、伝達が盛んで、直感やイメージを働かせやすい。これも、女性のカンのよさに関係しているという。

さらにある研究によると、女性の第六感の鋭さは、いつも同じではなく、月経のときにとくに強くなるという。

浮気をした夫が帰宅したとたん、妻に浮気を見抜かれるというのは、女性が月経のときに多いというのである。

その理由として、女性は月経の時期に感覚がふだんより鋭敏になり、感受性が強くなるという点が指摘されている。

そのため、男性の顔が真っ青になるほどの鋭いカンが働くというのだ。

エベレストの頂上に住むことはできる？

世界でいちばん高いエベレストは、8848メートル。この頂上で人は生活できるのか。

「私は高いところが苦手なのでムリ」という人もいるだろうが、そういう問題ではない。

高地ならではの酸素の問題がある。酸素濃度が人体に影響が出るのは、16～12パーセントあたりからといわれる。脈拍、呼吸数の増加、心身の能力の衰え、頭痛などの症状が出はじめる。

さらに濃度が下がると判断力の低下や意識不明、そして6パーセント以下で瞬間的に呼吸停止となる。

酸素濃度が16パーセント程度になるのは、高度2300メートルくらいだが、平地に住む人間がこのような場所にいくと、頭痛、めまい、嘔吐《おうと》などをおこす「高山病」となる。

だが、世界で約1000万人以上の人々が、高度3000メートル以上の場所に住んでいることから、ある程度は、環境に適用できると見られている。

だが、8848メートルは厳しい。この高さで酸素マスクを外せば、わずか3～4分で意識を失うレベルである。世界一のてっぺんで暮らすというのは、ちょっと現実離れした話かもしれない。

ただ、超人と呼ばれる人はかならずいるもので、これまで、メスナーとハベラーという2人の登山家が、酸素ボンベなしでエベレストの頂上に立っている。

虫の知らせはなぜおきる?

何年も会っていない知人のことをたま

たま思い出したら、それからまもなく、死の知らせが届いた……。いわゆる「虫の知らせ」である。

このような話のなかには、たんに「偶然が起こる確率の誤認」や、「後づけの事実」と呼ばれる心理作用によるものが含まれている。

偶然が起こる確率の誤認とは、「めったに起こらない偶然」と思っていても、意外に起こる確率が高いことがあるということだ。

「虫の知らせ」は統計学の視点から見ると、それほど確率が低いわけではないらしい。

ノーベル賞を受賞しているアメリカの物理学者、ルイス・アルバレスの計算によると、ある知人について考えた約5分後にその人の死を知るという現象は、毎日約10件近くも起こっているという。

偶然と思えることでも、意外と起こっているわけだ。このような誤認に加え、「後づけの事実」という心理作用が働いていることもある。

「後づけの事実」とは、なにか事件が起こった後に「いやな予感がした」「あの人のことを考えていた」など、特別なことを感じていたと錯覚することをいう。

じつは、人間の脳の働きのほとんどは無意識的なもので、とりとめもなくさまざまな記憶を想起しており、ふつうその内容はあまりよく覚えていない。

だが、直後にその記憶に関連することが起こると強く印象に残り、予感があったかのように感じるというわけだ。

人間の記憶は、視覚なら視覚の領域、聴覚なら聴覚の領域というふうに、脳のあちこちに分散して蓄えられ、思い出すときには、それらが統合される。この過程で記憶がゆがみ、語るという表現行為によって再構成されてしまう。

ことに、知人の死を知ったというような状況では、驚きや悲しみなど、強い感情を呼び起こすため、記憶がゆがんでしまいやすいのだ。

テレパシーはほんとうに存在する？

テレパシーというとどこか眉唾《まゆつば》で、SFの世界の話のように思えるが、これまでも世界中でまじめに研究されてきた。

そもそも、どのようなエネルギーによって伝わるのか。

これについては、まだ明確なことはわかっていないのだが、仮説はいくつか出ている。

長い間有力とされてきたのは、一種の電磁エネルギーではないかという説だ。19世紀末頃に登場し、旧ソ連はこの説を追究する方向で研究を進めていた。

しかし、この説には欠点があった。電磁エネルギーは距離が離れるほど弱くなるのに、テレパシーには距離が関係しないらしいことが、経験則で示されていたからだ。

そのため、近年の英米の研究者たちは、電磁エネルギー説に否定的だ。代わって物理的なものではなく、時空を超えたエネルギーではないかという説が登場している。

だが、肝心のそのエネルギーの正体がわかっていない。

次に、テレパシーを脳のどこで受け取るのかについては、大脳新皮質《だいのうしんひしつ》の前頭葉と考えられている。大脳新皮質は、人間の脳のもっとも新しい部分だ。

この大脳新皮質を飛躍的に発達させたことで、人間は道具をつくったり文化を発展させてきたり、ほかの動物には真似ができない知的な活動ができるようになった。

前頭葉《ぜんとうよう》には、運動を司る「運動野」や「運動前野《ぜんや》」、ものごとを計画したり決断したりする「前頭前野」といった領域がある。

もし前頭葉が事故や病気で破壊されれば、複雑なことを考えたり、ものごとに集中できなくなったりしてしまう。つまり、前頭葉は、人間の脳のなかでもっとも高度で知的な働きをする部分だといってもよい。

進化によって人間が発達させてきたこの前頭葉で、なんらかのエネルギーによって送られてきたテレパシーをキャッチするのではないかというわけである。

太陽の黒点と株価の意外すぎる関係とは？

太陽の表面に観測される太陽黒点の数の変動は、周期的に多くなったり少なくなったりする。

１９７７年に太陽黒点の変動に55年の周期があるという説を、天文学者であった吉村宏和氏が発見し、発見者の名を取って吉村サイクルと呼ばれている。

この吉村サイクル、天文学や気象学の方面ばかりか、昨今、意外な方面からの注目を集めている。

なんと、吉村サイクルと地球の景気循環の間に相関関係を見いだし、経済学に応用しようという研究である。

経済学の分野で、長期景気予測に用いられる「コンドラチェフの波」というサイクルがあるが、これが55年周期なのだ。なぜか太陽黒点数の変動サイクルと一致するのである。

太陽黒点数がどんなふうに地球の人間の経済活動に影響を及ぼしているのか、理由まではわかっていないが、興味深い話である。

偉人は22・7年ごとに生まれるという根拠とは?

もうひとつ、太陽黒点の周期には興味深い話がある。

世界の偉人は、22・7年ごとに生まれるらしい……。ロシアの研究グループが、こんな説を発表した。

過去400年間に生まれた偉人の誕生日を分析すると、曲線の山は18あり、その平均周期は、22・7年だった。

つまり、世界のどこかで偉人と呼ばれる人間が、平均22・7年ごとに生まれていたことになる。

いっぽう、同じロシアの別の研究者は、120人の作家、作曲家、詩人を対象に創作活動のリズムを精査。

すると、もっともよい作品をつくりだした時期が、いずれも太陽の黒点活動の極大期（11年周期）に当たることを発見している。

偉人誕生の22・7年周期説は、太陽の黒点活動の極大期のサイクルとほぼ重なっている。

ふたつの研究を結びつけると、黒点活動の影響によって、人間の精神活動を高揚させ、芸術家の創作意欲を促進させているのではないかと考えられるのだ。

憂鬱な〝ブルーマンデー〟はなぜ起こる？

学生に限らず社会人にとっても、月曜日の朝は起きるのがつらく、学校や会社にいっても寝不足感がつきまとう。「月曜病」とか「ブルーマンデー（不機嫌な月曜日）」と呼ばれる症状だ。

土曜の夜に夜ふかしすると、日曜日の朝は、遅い時間まで寝ていることになる。そうすると、日曜の夜は、翌日の起床時間にあわせて寝床に入っても、なかなか寝つかれない。

たとえば、1日平均16～17時間活動してから、7～8時間眠るような生活リズムを送っているとしよう。

いつも午後11時に寝て午前7時に起きている人が、日曜日は午前10時に起きたとすると、午後11時には、13時間しか活動していないことになる。体のリズムとしては、ウイークデーの午後8時と同じ状態なのだ。

いつも午後11時に寝ているのに、まだ

眠くない午後8時に寝床に入っても眠れない。

それと同じで、起きた時間が遅いのに、いつもと同じ時間に寝ようとしても、よく眠れないのだ。

そして月曜の朝、いつもと同じ午前7時に目覚ましを鳴らしても、体内時計ではまだ午前4時。夜明けにたたき起こされるのと同じようなもので、なかなか起きられないのである。

体重計には、北海道用と沖縄用がある謎

日本は南北に長い。東京から北海道に転勤になったとか、大阪から沖縄に引っ越ししたなどという人もいるだろう。

北海道や沖縄に移動した場合、もともといた場所からもってきた体重計にのると、それまでとは違った数値が表示されることがある。

いったいどういうことか。

じつは体重計には、一般的に売られているものとは別に、北海道用の体重計と沖縄用の体重計がある。

体重計は赤道に近づけば近づくほど、地球の自転により軽く表示される。

その誤差を正すため、北海道では本州で測るよりも軽く表示される体重計に、沖縄では本州で測るよりも重く表示される体重計になっているのである。

最近では、地域を入力することで、自動で補正をかけてくれる便利な体重計もある。

北極と南極ではどっちが寒い？

北極と南極はどちらも同じような環境にあり、とにかく寒いところと思われがちだが、じつはそうとも言い切れない。

北極と南極を比較してみると、まず気温が異なる。南極は摂氏マイナス30～50度が年中続き、記録された最低気温はマイナス80度以下という極寒だ。

いっぽう、北極の平均気温はマイナス20～30度でたしかに寒いものの、南極ほどは寒くない。

なぜそうした差が生じるのかというと、南極は「陸」で、北極は「海」だからである。

南極には平均２０００メートルを超える氷床があり、陸上を覆う巨大な氷床がどんどん陸を冷やしていく。

それに対し、北極には陸がなく存在するのは海氷だけで、その下には海水が流れている。海水はじつは海氷ほど冷たくない。

つまり、北極の海氷の下には、比較的水温の高い海水が存在しているため、南極ほどは寒くならないというわけだ。

鉄腕アトムやドラえもんはいつ実現できるのか？

『鉄腕アトム』で有名な漫画家・手塚治《てづかおさ》

虫《む》。彼は私たちが生きているいまの時代をどのように考えていただろうか。ロボットや人工知能であふれる近未来を想像していたのだろうか。

残念ながら、アトムやドラえもんのようなロボットはまだ現われていない。

しかし、人間と共生するロボットは徐々に実現しつつある。

従来のロボット技術にＡＩ（人工知能）が搭載されれば、人間同様にコミュニケーションがとれるようになる。

たとえば、香港のハンソン・ロボティクス社が開発した「ソフィア」は、国連でディスカッションをおこなうまでに至っている。

ＡＩが進む昨今、アトムやドラえもんのようなロボットができるのも、それほど先のことではないかもしれない。

いちばん「丈夫」な宝石とは？

ダイヤモンドといえば、もっとも硬度が高い宝石として知られている。

１から10まである硬度（モース硬度計）のうち、最高値の10である。表面をカッターナイフでひっかいても、傷をつけることはできない。

しかし、ダイヤモンドはもっとも丈夫な石ではない。宝石の硬度とは、表面への傷のつきにくさ。たしかにダイヤモンドは表面が硬いが、割れにくさという面からすると、丈夫な石というわけではないのだ。

では、もっとも丈夫な宝石はなにかと

いうと、ヒスイである。

ダイヤモンドは特定の方向へ衝撃を加えると割れる性質があるが、ヒスイにはそれがないため、もっとも丈夫な石というわけだ。

自分がのつた列車が動き出す錯覚はなぜ起きる？

停車している列車の窓からぼんやり外を眺めているとき、「お、動き出したな」と思ったら、なんのことはない。隣の列車が動いただけだった……。こういう経験はよくある。

これは目の錯覚である。

この錯覚は、窓いっぱいに隣の列車が見えるときに起こる。もしも列車が遠くにあれば、動いているのは隣の列車だと認識できるだろう。

人間の目は自分が動くと、まわりの変わっていく風景を、「自分自身が動いている」と認識する。動いているものを目で追う方法とは違う認識をするのだ。

だから視界のなかのものすべてが動くと、目が、自分が実際に動いているように感じてしまうのである。

その結果として、自分の体が動いているような錯覚に陥るわけだ。

マスクメロンの網目に意味はあるのか？

マスクといえば、白い網目で覆われた薄緑色のマスクメロンが連想される。

高級感を演出するのに一役買っているこのレースのような網目、じつはただのひび割れである。

マスクメロンは、実の中身が成長する速度のほうが、外側の皮の成長速度よりも速い。

そのため、皮に内部から圧力がかかり、負荷に耐え切れなくなった結果、ひび割れができてしまうのだ。ひび割れができると、完全に亀裂にならないように内側から果汁が染み出してくる。そして、それがコルク状に固まると、かさぶたのように盛り上がった網目となるのである。

世界中で観測される魚やカエルの雨が降る怪

空から降ってくるものといえば、雨、雪、あられ（霰）、ひょう（雹）くらいだろうと思えるが、もし、生き物が降ってきたとしたら……。

じつはそうしたことが、世界各地で起こっている。超常現象研究の第一人者チャールズ・フォートは、こうした現象を「ファフロッキーズ」と命名し、事例を収集している。

古い記録をひも解けば、１８５９年、イギリス・ウェールズのマウンテンアッシュで、空から生きたコイ科の魚・ヒメハヤやトゲウオが降ってきたことがある。

最近では１９８０年に、ギリシャのア

テネに、小さなカエルの一群が降り注いだという記録が残っている。

じつは日本も例外ではない。2009年6月4日の夕方、石川県七尾《なな お》市に大量のオタマジャクシが降ったのだ。大きさは2～3センチメートルで、ぽたぽたと音を立てながら、100匹以上のオタマジャクシが落ちてきた。

こうした現象について、生物や気象の専門家は口をそろえて「竜巻やつむじ風に巻き上げられて、それがある場所に集中して降った」と主張する。『オズの魔法使い』のドロシーが、竜巻で別の場所に飛ばされたのと同じことが起こったというのである。

しかし、もし竜巻が原因なら、なぜ泥や水、ほかの植物などが一緒に降らないのか。魚やカエルだけが降ってくるのは不自然である。さらに、こうした現象が起きたとき、竜巻やつむじ風は観測されなかったという例も多い。

結局のところ、この不可思議な現象に対する明快な答えは出ていない。

人の体内時計が1日25時間ある不思議

1日は24時間だが、ヒトの1日の活動リズム「サーカディアンリズム」は、不思議なことに24時間ではない。

事実、学生や不規則な生活をしている人は、寝起きする時間が1時間くらいずつ遅くなる傾向にある。1日25時間のリズムになるのだ。

昼夜や時刻を無視すると、ヒトの1日

の活動リズムは25時間になるというのは、多くの研究からわかっている。そのなかでも有名なのが、ドイツのJ・アショフ教授の実験である。

アショフ教授は、防音の手術室を使って、被験者に3〜4週間暮らしてもらう実験をおこなった。

この手術室には寝室兼居間、シャワー室、小さなキッチンが備えられており、快適に暮らせるし、退屈しないようにレコードを聴いたりもできる。ただ、外部の音や光は遮断され、時刻はわからない。

被験者は、そこで、腹時計にしたがって1日3度の食事をとり、眠くなったら寝て、自然に目覚めたときに起きるという生活をする。

この実験の結果、睡眠と覚醒、体温、尿の量と成分など、さまざまな活動にサーカディアンリズムがあることがわかったのだが、そのリズムは、およそ25時間の周期をもっていたのである。

この25時間というのは、潮の満ち引きの周期と一致する。潮は12・5時間周期で、1日にほぼ2回満ち引きしている。

こうしたことから、潮の干満のリズムとサーカディアンリズムとは、なんらかの関係があるという人もいるが、そもそもなぜ、ヒトが25時間周期なのか、はっきりしたことはわかっていない。

1年に1度、海上に現われる〝幻の島〟の秘密

ある日突然、ザザーッと引いていく海水の下から巨大な姿を現わす〝幻の島〟

が日本に存在するといったら、信じられるだろうか。

沖縄地方の宮古島《みやこじま》北方に「八重干瀬《やびじ》」と呼ばれる島がある。面積は約200平方キロメートル、大阪市とほぼ同じ大きさのかなり大きな島だ。

ところがこの島、ふだんは海面下に隠れて姿を見せない。八重干瀬が見られるのは1年に1度、「4月上旬の大潮の日」だけである。

大潮は、満月あるいは新月のとき、太陽と地球と月が1列に並び、地球にかかる引力が最大となって潮の干満の差が、通常より大きくなる現象である（187ページ参照）。

この大潮は毎月2回決まって見られる現象で珍しくはない。ただ、1年に1度、「4月上旬の大潮の日」だけに、島が現われるというのが不思議である。

4月上旬になると、宮古島周辺は強い高気圧に覆われる。海面はつねに大気に押されているが、高気圧時には海面をさらに押しさげる。

こうして4月上旬、最大になった高気圧に大潮の干潮が加わることで、海面がもっとも低くなり、島が姿を現わすのである。

1度に4本の「虹」がかかることがあるって?!

雨上がりの空にかかる虹は、じつにきれいなもの。「7色の虹」というように、外側から赤、橙《だいだい》、黄、緑、青、藍《あい》、紫の橋が半円を描いて空にかかっている。

ごくまれにだが、その外側に、もう1本の虹が見えることがある。

これは目の錯覚でもなんでもない。虹は太陽の光が雨粒に反射してできるが、ふだん私たちが見ているのは1回の反射で届いた光で、「主虹《しゅにじ》」という。

そしてさらに、この主虹の外側に「副虹《ふくにじ》」と呼ばれるもう1本の虹が見えることがある。

これは太陽の光が雨粒のなかで2回反射したもので、色の順序も主虹とは反対に外側が紫、内側が赤となる。

ところが、それだけではない。虹が4本も空にかかることがあるのだ。

これは、虹を見る人とプリズムの役割を果たす雨粒との間に、さらに湖や川、海など太陽光を反射するものがある場合に起きる。

つまり、太陽の光が雨粒のプリズムに直接反射してできる主虹と副虹の2本と、太陽の光が最初に湖の水面などに反射して、それがさらに雨粒に反射してできる2本の虹、合計4本ができるわけだ。

この虹ができるためには、よほど気象条件と環境がそろっていなければ目撃することはできない。

世界中に巨大な「迷子石」がある謎

〝ニューヨーク〟の顔ともいうべきセントラルパーク。その広い平原の一角にじつに奇妙な石がある。クジラの背中のような岩の上にポツンとのった1・5メートルほどの高さの大きな石で、むかしからずっとここにあったものだ。

じつはこの石、氷河によって運ばれてきたもの。ニューヨークあたりは、いまから2万年前には氷河に覆われていた。

年にごくわずかの距離しか動かない氷河が、何百キロも北の山岳地帯にあった岩を何年もかけてここまで運んできた。

その後、地球が暖かくなると氷河は消えてなくなり、この石だけを置き去りにしたのである。

こうした石は「迷子石」と呼ばれる。迷子石は世界じゅうあちこちで見られる。この石は氷河の流れが運んできたものだから、石の成分を調べれば、その地域にかつてあった氷河が、どのように流れていたのかがわかる。

たとえばドイツ、ポーランドなど北ヨーロッパ一帯に広く分布する迷子石を調べたところ、これらはすべてはるか北方のスカンジナビア半島からやってきたものであることがわかっている。ヨーロッパ大陸北部には約1万年前まで、スカンジナビア半島を中心とする大氷床が存在していたのである。

故郷を遠く離れた迷子石が新しい土地に根をおろし、地球の歴史を解明するのに役立ってくれたわけである。

遺体を腐らせずに保存する湿原のカラクリ

コンビニや弁当屋で買うお弁当のご飯には、梅干しが入っていることが多いだろう。これは、単に見栄えの問題だけでなく、梅干しの酸でご飯の変質を防ぐ意味もかねている。酸には腐敗を防止する力があるからだ。

これと同じような作用が、自然界に存在する。ヨーロッパの湿地帯では、地中から人間の死体が発見されたことがあった。首に縄をつけられたあまりにも生々しい状態で見つかったため、殺人事件として警察が捜査にのりだした。ところが、いくら調べても被害者に該当する人物がいない。

じつはその死体は、はるか以前に刑死して埋められた犯罪者のものだった。埋められた土の酸度があまりにも強かったため、何十年たっても腐ることなく地中に存在し続けたというわけである。

このような湿地帯では、11世紀のデンマークの王妃が高価な衣装をまとったままで見つかったり、地下15メートルの地中からブタの死体が腐っていない状態で見つかったりという驚くべき話がけっこうあるのだ。

湿原は、いうなれば巨大な梅干し弁当にさらに酢をかけたかのようにきわめて腐敗に強い、自然の産物なのである。

「火事場の馬鹿力」とは普段の力のいったい何倍？

「火事だ！」という声を聞いたら、おばあさんがタンスをかついで逃げたといった話がある。〝火事場の馬鹿力〟などといわれる。

この火事場の馬鹿力というのは、ほんとうにあるのだろうか。

筋肉というのは、筋線維という太さ20

〜100ミクロン、長さが3〜10センチメートルほどの細長い細胞が、およそ60億個も体につながってできている。この筋線維が、脳から命令伝達によって収縮し、力を発揮する。

この筋線維は、ふつうはいくら全力を出しても、生理的限界のおよそ半分程度しか能力を発揮できない。これは、ひんぱんに全力を出しては筋肉がもたないので、自然に体を守るよう備わったシステムである。

ところが、火事などの事故に遭遇したとき、このシステムが解除され、生理的限界に近づくほどの力を発揮する。

これがすなわち、〝火事場の馬鹿力〟である。ふだんは、およそ半分しか使えない力が、ほとんどすべて発揮できるのだから、ふだんの2倍の力である。

この火事場の馬鹿力は、催眠療法や自己暗示などでも出せるといわれている。

ペンギンはなぜ南半球にしか生息していないのか？

野生のペンギンは、すべての種が南半球に棲んでいて、北半球にはいない。

海に棲む生物は、クジラでもアザラシなどの海獣《かいじゅう》でも両方にいる。

ならばペンギンも、北半球にいてもよさそうなものだ。

その理由は、太古の大陸分裂の時代にまでさかのぼる。

ひとつの大陸だったパンゲア大陸が、まず北のユーラシア大陸と南のゴンドワナ大陸に分かれ、さらに5つの大陸へと

分かれていった。

分裂後、南半球に位置した大陸にはどういうわけか凶暴な肉食動物がいなかった。たまたま南に分布していなかったのか、分裂後に絶滅したのかはよくわからない。

ともあれ、南半球の大陸では、凶暴な捕食者がいなかったおかげで、北半球では滅んでしまった動物たちも生き延びることができた。ペンギンの祖先となった動物も、そのひとつではないかと考えられる。

やがてペンギンの祖先は、オーストラリア大陸南端や南極大陸など、寒流が流れる海に定着し、寒冷な気候と水中生活に適応して進化していった。

そのため、寒流にのって低緯度へと移ってきたペンギンも、いつのまにか寒流までしか移動できない体になっていた。水温の高い海域を越えて北半球にまでいくことは、できなかったのである。


さて、じゅうぶん楽しんでいただけただろうか。ふだんから疑問をもつ心をとぎすまし、理系の知識をお供《とも》に解決をめざしてほしい。

KAWADE
夢文庫

理系の素朴な大疑問

二〇一九年四月一日　初版発行

著　者…………博学こだわり倶楽部［編］
企画・編集……夢の設計社
東京都新宿区山吹町二六一〒162-0801
☎〇三―三二六七―七八五一（編集）
発行者…………小野寺優
発行所…………河出書房新社
東京都渋谷区千駄ヶ谷二―三二―二〒151-0051
☎〇三―三四〇四―一二〇一（営業）
http://www.kawade.co.jp/
装　幀…………こやまたかこ
印刷・製本……中央精版印刷株式会社
DTP…………アルファヴィル
Printed in Japan ISBN978-4-309-48513-3